JN123121

「なぜ?」からわかる
地方自治の

なるほど たとえば これ大事

塩浜克也
米津孝成 著

公職研

はじめに

「勉強しなきゃなぁ」

　でも、どこから手を付けていいかわからない。そんな方は、多いのではないでしょうか。

「参考書を開いても、なかなか頭に入ってこない」

　そんなお悩みも聞きます。ある程度の知識がないと、参考書の内容は頭に入ってこないものです。

　地方自治制度の体系は複雑で、関係する法律も少なくありません。知識を得ようと思っても、大海原で海図とコンパスを手に途方にくれる。そんなお気持ちは、よくわかります。

「こんなこと、知っているかい？」

　学校の先生の授業中の雑談や、仕事の合間に先輩から聞いた話が面白かったことはないでしょうか。

　人の興味を引くための工夫を「フック（釣り針）」といいます。マーケティングの参考書では、購買層の関心を惹く手段として説明されることもあります。

　知識の習得もフックがあれば楽になります。本書では、「なぜ？」につながる「たとえば」「なるほど」「これ大事」の各事例を紹介しながら、地方自治制度や仕事上の注意点について説明しました。

「『町』より小さな『市』がある」、「年度末の道路工事は予算の『使いきり』ではない」、「議決事件を見落としてしまったら？」。

　この本は、著者２人が研修や勉強会の講師を務める際、こんな興味深い

事例があるのだけどなと思いながら、限られた時間では伝えきれない内容を数多く掲載しています。

　複雑そうに見える制度や仕組みでも、その背景や関連事項が併せて説明されると、頭に入ってきやすいと思います。

　なにより、「なぜ？」を知ることは楽しく、あなたの「引き出し」を増やします。

　日頃の仕事や昇任試験の勉強に悩まれている方は、本書で興味を持たれた部分から読みはじめてみてください。息抜きになるかもしれませんし、厄介に思えた内容も、ヒントをつかんだ感触があるはずです。

　ベテランの職員の方には、知識の確認のお役に立てるものと考えます。苦手な分野を見つける契機にもなるでしょう。

　ある程度の知識をもって仕事や勉強をすることは、知識の一層の習得につながります。知識があれば、仕事はグッと楽になります。

　本書が少しでも読者のお役に立つことができれば幸いです。

塩浜　克也

米津　孝成

目 次

はじめに

第1章　自治体のきほん

v

第2章　自治体と執行機関

第3章　公務員制度

第4章　財政・会計

第5章　自治体と法

第 1 章

自治体の
きほん

「町」より小さな「市」がある

市町村・都道府県

たとえば 北海道歌志内市は、人口約3000人の「日本一小さな市」である。

◈ 市町村

　市町村は、「基礎的な地方公共団体（基礎自治体）」であり、都道府県が処理するものとされているものを除き、地域における事務等を処理するものとされています（地方自治法（以下、自治法）２条２項、３項）。

　規模によってその名称は「市」「町」「村」と異なりますが、基礎的な地方公共団体としての基本的な性格に違いはありません。

　なお、「地方公共団体」が法律上の名称ですが、本書では、特に必要な場合を除いて「自治体」の語を使用しています。住民自治と団体自治を担うべき団体として、「自治」の語が含まれる端的な名称がふさわしいと考えるところによるものです。

　「市」「町」となるための要件は、それぞれ以下のとおりです（自治法８条１項、２項）。

市となるための要件	①人口５万人以上 ②市街地戸数が全体の６割以上 ③商工業等従業者が全体の６割以上 ④都道府県の条例で定める都市としての要件の具備
町となるための要件	都道府県の条例で定める都市としての要件の具備

　市となるための要件のうち④の都道府県の条例には、銀行、高等学校、映画館の設置が規定されたものがあります。これらの条例は1940年代から1950年代にかけて制定されたものが多いことから、時代性が感じられます。

　これらは「市」「町」になるための要件ですので、これらを満たさなくなった後も、直ちに「市」「町」でなくなるわけではありません。

　上記で紹介の歌志内市は、かつては炭鉱都市として栄えましたが、現在の人口は2989人（2020年国勢調査による。以下、この項目の人口について同じ）となっています。

　歌志内市のほか、人口が1万人を割り込んだ市としては、赤平市（9698人）、三笠市（8040人）と夕張市（7334人）があり、いずれも北海道内です。

　一方、人口が多い町としては、広島県府中町（5万1155人）、愛知県東浦町（4万9596人）、茨城県阿見町（4万8553人）、神奈川県寒川町（4万8348人）、福岡県志免町（4万6377人）があります。人口の多い村としては、沖縄県読谷村（よみたんそん）（4万1206人）、茨城県東海村（3万7891人）があります。

　なお、2020年国勢調査では、全域が期間困難区域だった福島県双葉町は数値なしとされています（一部地域で避難解除の同大熊町は847人）。

〰〰〰〰〰〰〰〰〰〰〰〰〰〰〰〰〰〰〰〰〰〰〰〰〰〰〰〰〰〰〰

> **たとえば**　都道府県で人口が一番少ないのは鳥取県（55万3407人）、市町村で人口が一番多いのは、神奈川県横浜市（377万7491人）。

◈ 都道府県

　都道府県は、市町村を包括する「広域の地方公共団体（広域自治体）」として、①広域にわたるもの、②市町村に関する連絡調整に関するもの、③その規模や性質において一般の市町村が処理することが適当でないと認められるものを処理するものとされています（自治法2条5項）。

　「都」「道」「府」「県」は、それらの沿革の名残で名称が異なりますが、その法律的な性格にほとんど違いはありません。ただし、「都」には、特別区（都内23区）の存する区域において、大都市地域の行政の一体性・統一性の確保の観点から特別な扱いが設けられており（自治法281条の2第1項）、「道」は、出先機関として支庁出張所を設置することができます（自治法155条1項）。

　都道府県の名称の変更は、法律によって行われる必要があります（自治

法3条2項）。したがって、いわゆる「大阪都」構想を踏まえた「大都市地域における特別区の設置に関する法律」に基づき、府内に市町村に代えて特別区が置かれたとしても、「大阪府」の名称がそのまま「大阪都」になるわけではありません。警察法47条1項は、「都警察の本部として警視庁を（中略）置く」と規定するなど、現状の法制度では、「都」は東京都に限定される構成となっています。

　なお、都道府県の英語表記は「Prefecture」ですが、東京都は「Tokyo Metropolis」と表記されます。

> **たとえば** 東京消防庁の職員数（約1万9000人）は、消防組織として世界一多いといわれる。

◇ 東京消防庁・都税事務所

　消防は、市町村がその責任を果たす旨が定められていますが（消防組織法6条）、東京都の組織である東京消防庁は、島しょ地域を除き都内ほぼ全域の消防業務を担っています。

　その根拠は、特別区とそれ以外の地域で異なり、特別区は消防組織法27条1項に基づく直接の管轄、それ以外の地域は自治法252条の14第1項に基づく都下市町村からの委託によっています。なお、稲城市は、業務委託を行わず、独自に消防業務を行っています（2010年3月までは、東久留米市も）。

　また、固定資産税は、市町村が課すものと定められていますが（地方税法5条2項2号）、特別区の区域内は都が課すものとされており（同法734条1項）、都税事務所がその任を担っています。

人口が最少の村は東京都内にある

自治体の構成要素と地方自治の本旨

伊豆諸島南部にある東京都青ヶ島村の人口は、170人（2019年8月1日現在）。

2005年に近隣9町村と合併した岐阜県高山市の面積は約2200平方キロメートルで、東京都の面積にほぼ等しい。

◎ 自治体の構成要素

　住民（人的要素）と領域（空間的要素）は、自治体の重要な構成要素です。また、地方政府である自治体には長と議会が置かれ、自律的な運営がなされています（統治的要素）。

　首相官邸や国会議事堂が存在する東京都も、言うまでもなく都知事と都議会を有する自治体です。

　自治体の法的名称は、「地方公共団体」です。また、新聞やテレビなどでは、自治体のアタマに「地方」を付けて、「地方自治体」の語が使われています。

　「地方」の語の意味は、上記のような国の施設の存在とは関わりがなく、日本列島における地理的な位置を示すものでもありません。自治体の歳入歳出総額の見込額について内閣が作成する「地方財政計画」の語に見られるように、「地方」の語は「中央」政府たる国に対するものとして使用される感があります。

　となれば、私たちが国の資料等において「地方」の語を見る場合、それが個々の自治体を意味するのか、それとも地方財政計画のようにすべての自治体を総体として指しているのかは、内容を読み解く上で注意が必要です。

憲法は「地方自治」と題した１章を設けているが（第８章）、戦前の大日本帝国憲法に地方自治に関する規定はなく、地方自治は政策上の取扱いとして対処されていた。

◈ 地方自治の本旨

　自治法の施行日は、「日本国憲法施行の日」とされています（同法附則１条）。現在の地方自治制度は、戦後、憲法とともに歩んできたということができます。

　憲法92条には「地方自治の本旨」の語があります。

第92条　地方公共団体の組織及び運営に関する事項は、地方自治の本旨に基いて、法律でこれを定める。

　地方自治の本旨とは、「住民自治」と「団体自治」とされています。地方自治は、これら２つが車の両輪のように機能しなければいけません。

住民自治	地方自治が住民の意思に基づいて行われるという民主主義的要素。
団体自治	地方自治が国から独立した団体に委ねられ、団体自らの意思と責任の下でなされるという自由主義的・地方分権的要素

◈ 国・都道府県・市町村の関係

　皆さんは、「国」「都道府県」「市町村」の関係を図で描くとすれば、どのように描かれるでしょうか？

　筆者（塩浜）が研修講師を務める際、ちょっと前までは①のように描く受講者が多かった印象があります。2000年の地方分権一括法の施行後、国と地方は大きくその関係を変えたことから、最近では②のように描く受講者が多くなってきました。

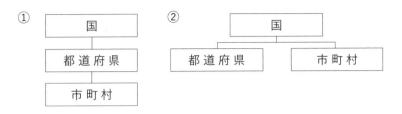

　ここで、私たちを取り巻く行政主体を念頭に置いて、視点を変えてみましょう。

　憲法の英訳では、第8章「地方自治」は「Local Self-Government」と表記されています。大森彌・東京大学名誉教授は、これを改めて日本語にすると「地方自己統治」となると指摘しています（大森彌・佐藤誠三郎編『日本の地方政府』東京大学出版会）。

　このように訳してみると、国と自治体との関係について、上下や一体ではなく、「統治機構」としての役割分担とする憲法の意図が浮かび上がるようです。

　となれば、「国」「都道府県」「市町村」の関係は、次のように図示できるのではないでしょうか。

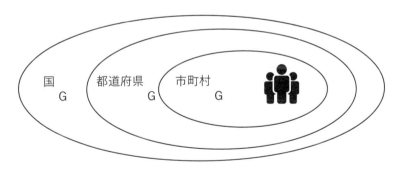

「G」は「Government」の意

出典：塩浜克也『スッキリわかる！　地方自治法のきほん』（学陽書房）掲載の図を加工

03 市内の企業名を市の名称にした 自治体がある

愛知県豊田市は、トヨタ自動車の本社が置かれることから「車のまち」を全国にアピールするため、1959年に「挙母市（ころも）」から名称が改められた。

◈ **名称の変更**

　都道府県以外の自治体がその名称を変更しようとするときは、長が都道府県知事と協議の上、条例で定め、変更後の名称及び変更の日を都道府県知事に報告する必要があります（自治法 3 条 3 項～5 項）。

　都道府県がその名称を変更しようとするときは、法律による必要があります（同条 2 項）。この法律は、憲法95条に定める「一の地方公共団体のみに適用される特別法」に該当するため、制定に際しては住民投票の実施が必要です。

合併に際して、「あっぷる市」になりかけた自治体があった。

◈ **名称の基準**

　市町村の名称の定め方について法律上の規定はありませんが、住民生活に混乱が生じないようにするために一定の基準が示されており、その書き表し方は、差し支えのない限り当用漢字表を用いるものとされています(自治庁行政局長昭和33年 4 月21日通知)。

　一方で、ひらがなやカタカナを使うことは可能であり、カタカナの例では、北海道ニセコ町、山梨県南アルプス市、沖縄県コザ市（現・沖縄市）があります。

　2005年から2010年までの「平成の大合併」といわれた時期は、全国で市町村の合併が相次ぎました。合併を機会に、新たな名称を付す自治体も多くあり、上記の南アルプス市もその際の命名です。

　上記に紹介の「あっぷる市」は、青森県の板柳町と鶴田町の合併協議会で検討された新市名の1つです。理由が明確であれば「ラブ（ＬＯＶＥ）」「アンド（ＡＮＤ）」のように外国語を日本語（カタカナ、ひらがな等）で表記することも許容されるとの見解が、2001年に自治省（当時）から示されていました。ただし、この合併は実現せず、同協議会は2005年に廃止されています。

> **なるほど** 自治体名称の「町」の読み方については、東日本では「まち」、西日本では「ちょう」が多い。

◇ 自治体名称の読み方

　東海テレビ放送株式会社の調べでは、自治体名称の「まち」「ちょう」の読み方の傾向は、東日本と西日本で異なるそうです。なお、東日本でも北海道と岩手県では「ちょう」が優勢とのこと (https://www.tokai-tv.com/tokainews/feature/article_20210719_10022)。

　自治体の名称は、自治法が施行される従来からのものとされていることから（自治法3条1項）、「町」「村」の読み方について統一はされておらず、従来の名称を「まち」または「ちょう」と呼称していた場合は、それが公称であり、また、「むら」または「そん」と呼称していた場合は、それが公称と解されます（行実昭和27年11月22日自行発第142号）。

　なお、自治体の名称で同音・同字体のものとしては、伊達市（北海道と福島県）、府中市（広島県と東京都）があります。

04 江東区と大田区は境界を裁判で争ったことがある

自治体の区域

> **たとえば** 東京都の銀座にある高速道路高架下のショッピングセンターには、「住所」が存在しない。中央区・千代田区・港区の境界が未定であるため、便宜上、事業所の所在地表示は、「東京都中央区銀座西3丁目1番地先」のように行われている。

◈ 区域の設定

自治体の区域は、自治法が施行される従来からの区域とされています（自治法5条1項）。

上記に紹介の事例は、ショッピングセンターの敷地が、もとは江戸城の外堀（中央区と千代田区の間）と汐留川（中央区と港区の間）であり、これらが戦後に埋め立てられた際に境界が定められなかったことに起因しています（上記に紹介の所在地表示は、銀座インズ1の例）。

埋立ての経緯を考慮すれば、かつての水面の中央線を境界にすればいいように思えますが、七戸勝彦・九州大学教授によれば、未確定の背景には、税収を巡る各区の思惑があったとのこと。また、中央区銀座1丁目から8丁目までのうち、4丁目と5丁目を除いて住居表示に「1番」がないのは、これらの土地について、中央区が自らの行政区域に帰属することを期待したことによるものだそうです（https://catalog.lib.kyushu-u.ac.jp/opac_download_md/1474994/fukuoka_kaiho_119_2.pdf）。

日本経済新聞のウェブ記事によれば、住所がないことで支障がないか中央区に確認したところ「警察や消防はショッピングセンターとの間で個別に相談して管轄を決めている」。また気になる税収は「住んでいる人がいないので住民税は発生せず、固定資産税や事業税は東京都の管轄」とのことです（https://style.nikkei.com/article/DGXNASFK1902X_Z11C11A0000000/）。

江東区と大田区は、東京湾の埋立地の境界について、裁判で争ったことがある。裁判の結果、両区の水際線からの距離を基礎として諸事情による修正を行い、その帰属面積は、江東区約8割、大田区約2割となった。

◎ 境界争論の調停と所属未定地域の編入

　町村の境界に関し争論がある場合、明治以降その境界について変更または確定する措置が取られたことがなければ、江戸時代における支配、管理、利用等のおおよその区分線を基準として境界を確定すべきとされています（最高裁昭和61年5月29日判決）。

　市町村（東京都23区を含む）の境界に関し争論があるときは、都道府県知事は、関係市町村の申請に基づき、自治紛争処理委員による調停に付すことができます（自治法9条1項）。

　1973年に埋立てが開始された中央防波堤埋立地について、当初は、大田区、中央区、港区、品川区、江東区が帰属を主張。その後は、江東区と大田区が協議を続けましたが、2017年7月に両区は東京都知事に対し調停の申請を行いました。

　同年10月に東京都自治紛争処理委員は調停案を示し、両区に受託を勧告しましたが、その内容を不服として大田区は江東区に対し境界確定について提訴。2019年9月の東京地方裁判所の判決は、上記の調停案に比して、大田区の帰属面積を約1.5倍にするものでした。なお、当時間近に控えた東京オリンピックの開催への影響が考慮され控訴は行われず、判決は確定しています（同年10月5日）。

　また、従来自治体の区域に属しなかった地域を都道府県・市町村の区域に編入する必要があると認めるときは、法律で別に定めるものを除き、内閣がこれを定めるとされています（自治法7条の2第1項）。1953年に青森県と秋田県の県境沖合にある無人島「久六島」が青森県に属すると定められた例があります。

◈ 飛び地

　行政区域は一体となっているのが一般的ですが、何らかの理由により行政区域の一部が地理的に分離していることがあり、そのように離れて存在する行政区域を「飛び地」といいます。

　上記に紹介の事例について、税務署の路線価を確認すると、1平方メートル当たりで、練馬区の飛び地が16万5000円であるのに対し、周囲の土地は12万円と額に開きがあります（令和4年度）。

　飛び地となった歴史的経緯は明らかではなく、過去には当該地域の埼玉県への編入も議論されたそうですが、実現には至っていません。この区域の上下水道は新座市が、ゴミの処理は練馬区の管轄になっており、学校は基本的に練馬区の小中学校に通うことになっているそうです（https://j-town.net/2017/01/04237094.html）。

　なお、上記のような飛び地を解消しようとする場合、県境を跨ぐ境界変更であることから、区議会と市議会だけではなく、都議会と県議会の議決も必要です（自治法7条6項）。そのような県境を跨ぐ飛び地を解消した事例としては、2010年における、群馬県太田市と埼玉県深谷市の例（太田市の区域内に深谷市の飛び地が存在）があります（https://www.city.ota.gunma.jp/005gyosei/0030-001soumu-soumu/2010-0108-1417-15.html）。

　面積が大きい飛び地も紹介しましょう。北海道釧路市の区域内には、大阪市の2倍近い大きさの飛び地が存在します。

　これは、2005年における釧路市の合併（釧路市・阿寒町・音別町）に際し、協議の過程において、地理的に3市町の中央に存在する白糠町が住民投票の結果、離脱したことによるものです。

鉄腕アトムは埼玉県新座市の住民だった

住民

> **なるほど** 鉄腕アトムは埼玉県新座市、野原しんのすけ（クレヨンしんちゃん）は埼玉県春日部市、ゲゲゲの鬼太郎は東京都調布市に、それぞれ「住民」とされていたことがある。

◈ 住民の意義

　市町村の区域内に住所を有する者は、その市町村及びこれを包括する都道府県の住民とされます（自治法10条1項）。自然人だけではなく法人も含まれ、国籍等も問われません。

　市町村は、その住民について、住民たる地位に関する正確な記録を常に整備しておかなければいけません（自治法13条の2）。住民基本台帳法（以下、住基法）に基づく「住民票」は出生の届出により作成され、これに記載された情報は転居等により市町村間を移動します。

　上記の事例に紹介の漫画のキャラクターは、いずれも作者がそれぞれの地域に縁があったことから「住民」とされていました。とはいっても、もちろん法律に基づくものではなく、希望者に対しては、これらのキャラクターの「特別住民票」が枚数限定で発行されるなど、期間が限定されたイベント的なものです。

　2002年から2004年にかけて関東平野の複数の河川で確認されたアザラシは、広く世の注目を集めました。最初に現れた多摩川にちなんで名付けられた「タマちゃん」は、2003年2月には横浜市西区の特別住民票の発行対象となりましたが、これももちろん、法律に基づくものではありません。

◈ 住民の権利と義務

　住民は、法律の定めるところにより、その属する自治体の役務の提供をひとしく受ける権利を有します（自治法10条2項）。「役務の提供」とは、

公共施設を利用したり、各種の社会保障等による援助を受けたりする等、その自治体による福祉の増進を目的とする住民に対する一切の利便、サービスの提供が含まれます。ただし、個々の住民に具体的な法的地位を定めているとまでは解されません。

　また、住民は、法律の定めるところにより、その属する自治体の負担を分任する義務を負うものとされています（自治法10条2項）。

　「負担」とは、地方税のほか、分担金、使用料、手数料、受益者負担金等の自治体が住民に課するすべての負担が含まれます。

なるほど 「住民」イコール「国民」ではない。

◇ 住民票と戸籍

　従来は外国人登録法の対象であった外国人は、2012年7月から、原則として、住基法が適用されています。なお、住基法の住民に、法人は含まれません。

　市町村は、住民票以外に「戸籍」の事務も取り扱っています。戸籍には、戸籍法に基づき、国民の親族的な身分関係を明らかにするためにその出生から死亡に至るまでの身分上の重要な事項が時間的順序に従って掲載されます。戸籍は日本国民にのみ編纂されるものであることから、外国人については編纂されません。

　住民票に関する事務は、市町村の事務のうち「自治事務」ですが、戸籍に関する事務は、本来は国の事務であるものを法律に基づいて市町村が処理する「第1号法定受託事務」です。

　なお、日本国憲法（以下、憲法）は「すべて国民は、健康で文化的な最低限度の生活を営む権利を有する」（25条1項）と規定していますが、行政が提供する福祉サービスには、生活保護制度や公的医療保険など外国人にも提供されるものが少なくありません。

> **これ大事**
> 市町村が行う選挙事務のうち、国政選挙は「第 1 号法定受託事務」、知事・都道府県議会議員選挙は「第 2 号法定受託事務」、市町村長・市町村議会議員選挙は「自治事務」である。

◈ 住民と参政権

　日本国民である住民がその属する自治体の選挙に参与する権利としては、長と議会の議員に関する選挙権・被選挙権があります。

　市町村が行う投開票事務は、選挙の種類によって、自治事務・法定受託事務の種類が異なります。国政選挙が第 1 号法定受託事務であるのに対し、知事・都道府県議会議員選挙は、本来は都道府県の事務であるものを法律に基づいて市町村が処理する第 2 号法定受託事務です。

　外国人の参政権について、最高裁は、「外国人のうちでも永住者等であってその居住する区域の地方公共団体と特段に密接な関係を持つに至ったと認められる者」については、法律をもって、長・議会の議員に関する選挙権を与える措置を講じることは憲法上可能としています（最高裁平成 7 年 2 月28日判決）。

　なお、選挙のような間接参政の制度に対し、直接参政の制度として法律に定めるものとしては、①直接請求（自治法74条）、②住民投票（憲法95条）、③住民監査請求・住民訴訟（自治法242条、242条の 2 ）があります。

06 国道の路線番号、59号から100号までは欠番

国・都道府県・市町村の「しごと」

なるほど 国道の路線番号のうち、59号から100号までは欠番である。

◈ **国と地方の役割分担**

　自治法は、自治体について「地域における行政を自主的かつ総合的に実施する役割」を明記するとともに（1条の2第1項）、国が本来果たすべき役割を「全国的に統一して定めることが望ましい国民の諸活動若しくは地方自治に関する基本的な準則（筆者注：ルール）に関する事務又は全国的な規模で若しくは全国的な視点に立つて行わなければならない施策や事業の実施」と例示し、住民に身近な行政は自治体にゆだねることを基本としています（同条2項）。

　次の表は、国と地方の行政事務の分担の例示です。道路の列を見ると、国道については、国と都道府県の双方に記載があります。

　歴史的な経緯から、国道の種類は、路線番号が2桁までのものと3桁のものに大きく分かれます。路線番号が3桁の国道は主に都道府県が管理を行っており、番号が2桁の路線に新規の追加はないことから、59番以降は欠番となっています。

		道路	教育	福祉・衛生	その他
国		・高速自動車道 ・国道 （1～58）	・大学	・社会保険	・防衛 ・外交 ・通貨
地方	都道府県	・国道（101～） ・都道府県道	・高校 ・小中教員管理	・保健所	・警察
	市町村	・市町村道	・小中学校 ・幼稚園	・ゴミ ・し尿処理	・消防 ・戸籍

出典：総務省ウェブサイト（https://www.soumu.go.jp/main_content/000295094.pdf）に掲載の資料を加工

　なお、上記の分類は例示であり、教育の分野で、「大学」は国の分担となっていますが、東京都立大学や横浜市立大学など自治体が設立する大学もあり、「高校」の分担は県となっていますが、市立の高等学校も少なくありません。

~~~~~~

 千葉市や名古屋市など指定都市の個人住民税所得割は、一般市より若干高い。ただ、その分の県民税は他の一般市より安いので、増減はプラスマイナスゼロ。

◈ 都道府県と市町村の役割分担

　都道府県と市町村は、その事務を処理するに当たり、相互に競合しないようにしなければいけません（自治法2条6項）。

　市町村と特別区は、当該都道府県の条例に違反してその事務を処理してはならないものとされ（同条16項）、これに違反して行われた行為は、無効とされます（同条17項）。

①指定都市

　大都市の特例として、「指定都市」や「中核市」である市は、都道府県が本来処理する事務のうち一定のものを処理します。

　1956年の制度開始時は、横浜市、名古屋市、京都市、大阪市、神戸市の5市であった指定都市は、現在では、全国に20市存在します（2023年4月現在）。人口要件は50万以上ですが、指定に当たっては、人口のみで形式的に判断はされず、都市としての規模、行財政能力等に関し既存の例に比して考慮されることとなっています。

　教職員の給与等の負担について、都道府県から指定都市に権限移譲が行われたのは、2017年4月のこと。これに伴い、都道府県から指定都市へ、個人住民税所得割の2パーセントの税源移譲が行われたことから、上記に紹介したような事例が生じています。

②中核市

　中核市の人口要件は20万人以上で、北は旭川市から南は那覇市まで全国に62市存在します（2023年4月現在）。なお、千葉県市川市のように、人口要件を満たすものの、中核市の指定を受けていない自治体も存在します。

　中核市の主な特徴として福祉に関する事務について指定都市と同様の権限を持つことが挙げられます。代表的な例として保健所の設置がありますが、一般市でも、三重県四日市市のように、政令に基づき保健所を設置する市があります。新型コロナウイルス感染症の拡大当初、患者の発生数を都道府県と同程度の速さで公表できた市がありましたが、その理由は、保健所が設置されていたことによります。

③施行時特例市

　「施行時特例市」とは、2015年の自治法の改正により、中核市の要件が人口30万以上から20万以上に引き下げられ、「特例市（人口要件20万人以上）」が廃止されたことに伴い、経過措置として対処された制度です。群馬県伊勢崎市など、全国に23市存在します（2023年4月1日現在）。施行時特例市は、中核市ほどではありませんが、一般市に比べて幅広い権限を持ちます。

　国・都道府県・市町村の役割分担は、このように自治体の規模による特例があるとともに、時代の流れにより、事務に係る財源とともに適宜見直しが行われています。

④事務処理の特例制度

　上記のような大都市に関する特例のほか、都道府県は、その条例に基づき、知事の権限に属する事務の一部を市町村に処理させることができます（自治法252条の17の2第1項）。本来は知事の権限である旅券（パスポート）の発給を市町村で行える例がありますが、それはこの特例制度によるものです。

　この特例制度により、市町村が行うこととなった事務を処理する経費は、都道府県が全額負担することとされています（地方財政法9条）。

【指定都市・中核市・施行時特例市の主な事務】

指定都市	○都市計画等に関する事務 ・市街化区域又は市街化調整区域の開発行為の許可 ・一般土地区画整理組合の設立の許可 ○環境保全に関する事務 ・一般粉じん発生施設の設置の届出の受理 ・汚水又は廃液を排出する特定施設の設置の届出の受理 ○その他 ・計測法に基づく勧告、定期検査	○都市計画等に関する事務 ・屋外広告物の条例による設置制限 ○環境保全に関する事務 ・一般廃棄物処理施設、産業廃棄物処理施設の設置の許可 ・ばい煙発生施設の届出の受理 ○福祉に関する事務 ・保育所の設置の許可・監督 ・特別養護老人ホームの設置の許可・監督 ・介護サービス事業者の指定	○都市計画等に関する事務 ・区域区分に関する都市計画決定 ・指定区域外の国道、県道の管理 ・指定区域の一級河川（一部）、二級河川（一部）の管理 ○福祉に関する事務 ・児童相談所の設置 ○教育に関する事務 ・小中学校等の学級編成、教職員の定数決定、任免、給与負担
中核市		○教育に関する事務 ・県費負担教職員の研修 ○保健衛生に関する事務 ・保健所の設置 ・飲食店営業等の許可 ・旅館業・公衆浴場の経営許可	※指定都市の区域においても都道府県が処理する主な事務 ○社会基盤に関する事務 ・都市計画区域の指定 ・指定区間の一級河川（一部を除く）、二級河川（一部を除く）の管理 ○保健医療に関する事務 ・医療計画の策定 ○治安・安全に関する事務 ・警察（犯罪捜査、運転免許等）
施行時特例市			
一般市			
	◄━━━━━━━━━━━ 都道府県の事務 ━━━━━━━━━━━►		

出典：総務省サイト（https://www.soumu.go.jp/main_content/000799385.pdf）

> **なるほど** 自治体が処理する事務には、その自治体の「地域における事務」以外のものもある。

　「地域における事務」以外にも自治体が処理しなければいけないものがあるといわれても、ピンとこないかもしれません。自治法は、地域における事務以外であっても「法律又はこれに基づく政令により処理することとされるもの」を自治体が処理すべきと定めています（自治法2条2項）。

　その内容としては、「北方領土問題等の解決の促進のための特別措置に関する法律」に基づいて、北海道根室市が、北方領土に本籍を有する者に係る戸籍事務を処理するものなどがあります。

07 「中央区」は
東京都にも千葉県千葉市にもある

特別区・行政区・総合区

> **なるほど** 英語表記で、東京都中央区は「Chuo City」、千葉県千葉市中央区は「Chuo Ward」。

◈ 特別区と行政区

「特別区」とは、都の区のことをいい（自治法281条）、法人格を有する特別地方公共団体です（自治法1条の3第3項）。東京都中央区は、これに該当します。

特別区は、区長が公選であるとともに、議会が設置されるなど、住民にもっとも近い基礎的な自治体として、市と同様の性格を有しています（自治法283条）。

これに対し、千葉市中央区のような「行政区」は、指定都市において、市長の権限に属する事務を分掌させるために設けられたものです（自治法252条の20第1項）。行政区は、事務処理の円滑化のために設けられた行政上の区画であることから、法人格を有さず、議会も設置されません。

行政区の長として区長が置かれますが（自治法252条の20第3項）、特別区の区長が公選であるのとは異なり、市長の補助機関である職員を充てるものとされています（同条4項）。

同じ「中央区」でも英語では、東京都中央区が「Chuo City」と表記される一方、千葉県千葉市中央区は「Chuo Ward」と表記されます。「Ward」は、行政区画のほか病棟や大部屋などを指す用語です。

◈ 総合区

現在のところ事例はありせんが、指定都市は、その行政の円滑な運営を確保するため必要があると認めるときは、条例により、行政区に代えて「総合区」を設けることができます（自治法252条の20の2）。

行政区の区長は一般職ですが、総合区の区長は特別職であり、市長がその選任を行うに当たっては、議会の同意が必要です（自治法252条の20の2第4項）。総合区の区長の職務の主なものは以下のとおりであり（同条8項）、行政区に比して地域における自主的な運営の充実が要請されていることがわかります。

① 総合区の区域に住所を有する者の意見を反映させて総合区の区域のまちづくりを推進する事務
② 総合区の区域に住所を有する者相互間の交流を促進するための事務
③ 社会福祉・保健衛生に関する事務のうち、総合区の区域に住所を有する者に対して直接提供される役務に関する事務
④ 上記のほか、主として総合区の区域内に関する事務で条例で定めるもの

 東京都練馬区は、1947年8月に板橋区から分離した。2017年には、区を挙げて「練馬区独立70周年」の記念式典が開催された。

◇ 特別区と東京都

特別区の成立には、戦時下の1943年に「東京府」と「東京市」が廃止され、東京府の範囲に「東京都」が成立した経緯があります。

その後、1947年3月に従来の35区が22区に統合され、同年8月に板橋区から練馬区が分離したことにより、現在の23区となりました。その経緯から、練馬区においては、区政の開始に「独立」と強い表現を使用しています。なお、「大田区」の名称は、上記の統合で従来の「大森区」と「蒲田区」が合併した際、それぞれの名称から「大」と「田」を組み合わせたことに由来します。

特別区の区長は、1945年の特別区の誕生時は公選でしたが、1952年の自

治法改正で公選制が廃止され、東京都知事の同意を得て区議会が選任することになりました。その後、区長の公選が復活するのは、1974年の同法改正によってです。

　都と特別区は、相互の連絡調整を図るため、都区協議会を設置しています（自治法282条の2第1項）。

〰〰〰〰〰〰〰〰〰〰〰〰〰〰〰〰〰〰〰〰〰〰〰〰〰

> **たとえば**　東京都内23区の固定資産税の賦課徴収は、区ではなく東京都が行う。

◈ 都が行う「市の事務」

　特別区は市と同様の性格を有してはいますが、人口が高度に集中する大都市地域における行政の一体性・統一性の確保の観点から、固定資産税の賦課徴収や消防など、市に付与された事務権限について都が処理するものがあります（自治法281条の2）。

　また、特別区の財政調整を図るため、都は、特別区財政調整交付金を交付するものとされています（自治法282条）。都知事は、特別区財政調整交付金に関する条例を制定・改正する場合には、あらかじめ都区協議会の意見を聴くこととなっています（自治法282条の2第2項）。

　なお、いわゆる「大阪都」構想を踏まえた「大都市地域における特別区の設置に関する法律」に基づく特別区は、道府県の大都市地域において所定の規模の関係市町村をもって設置されます。この特別区が設置される道府県は、法令に特別の定めがあるものを除き、関係法令の適用について都とみなされます。

30文字もの長い名前の小学校がある

一部事務組合・広域連合

日本一長い小（中）学校の名称は、「高知県宿毛市愛媛県南宇和郡愛南町篠山小中学校組合立篠山小（中）学校」。関係団体の名称が付された一部事務組合による設置であるため、長い名称となっている。

◈ 一部事務組合

　普通地方公共団体・特別区は、その事務の一部を共同処理するために「一部事務組合」を設けることができます（自治法284条2項）。事務の種別は、大規模な施設の管理を要する環境衛生（ごみ処理・し尿処理・上水道等）が最も多く、防災（消防・水防等）、厚生福祉（高齢者福祉・病院等）のほか、公平委員会、産業振興、教育、都市計画など、多岐にわたっています。

　規模の大きな一部事務組合としては、東京都の都心の公衆衛生のために可燃ごみ・し尿の共同処理を行っている「東京二十三区清掃一部事務組合」、神奈川県の水道供給を行っている「神奈川県内広域水道企業団」、北海道のほとんどの市町村が加入し、公務上の災害補償など幅広い業務を担う「北海道市町村総合事務組合」（250以上の団体が加入）があります。

　一部事務組合の設置に際しては、これを組織しようとする普通地方公共団体・特別区が、その議会の議決を経た協議により規約を定め、都道府県の加入するものにあっては総務大臣、その他のものにあっては都道府県知事の許可を得ることが必要です（自治法284条2項、290条）。

　一部事務組合は、後述の「広域連合」とともに、特別地方公共団体である「組合」です（自治法284条1項）。組合には、これらに加え、かつては町村だけに、構成町村の事務全部を対象とした「全部事務組合」と、執行機関の事務を対象とした「役場事務組合」が存在しましたが、1959年10月

以降は事例がなかったこともあり、2011年4月の自治法改正によりこれらの制度は廃止されました。廃止の理由となった事例の少なさは、これら大規模な事務の一体的な運用は、実質的に町村合併と近しいものであったことなどによります。

　組合については、法律・政令に特別の定めがあるものを除き、その構成団体に応じて、都道府県・市・町村に関する規定が準用されることとなっており（自治法292条）、議会も存在します。

たとえば 2010年に設立された「関西広域連合」は、京都府や大阪府など関西の府県が構成団体となっており、域内の人口は2000万人を超え、「地方公共団体」としては人口が日本一である。

◈ 広域連合

　普通地方公共団体や特別区は、その事務で広域にわたり処理することが適当であると認めるものに関し、広域計画を作成し、必要な連絡調整を図り、事務を総合的かつ計画的に処理するため、総務大臣・都道府県知事の許可を得て、「広域連合」を設けることができます（自治法284条3項）。

　一部事務組合が処理する事務が同種のものに限定されるのに対し、広域連合は、広域にわたり処理することが適当な事務であれば、異なる事務を持ち寄って処理することができます。例えば、高知県の「中芸広域連合」が処理する主な内容としては、構成団体（奈半利町、田野町、安田町、北川村、馬路村）の消防・救急、し尿処理、少年の健全な育成指導等、介護保険の資格管理等、ごみ処理施設の設置管理、戸籍事務を行うための電算機器の設置等があります。

　また、全国の都道府県には、その区域内すべての市町村が加入する「後期高齢者医療広域連合」がそれぞれ設けられています。これは、2006年の後期高齢者医療制度の開始に際し、「高齢者の医療の確保に関する法律」

48条に基づいて設置されたものです。

◎ **様々な広域連携**

　広域連携の興味深い例として、税の徴収があります。税の徴収に関して
は、市町村間だけではなく道府県も含め、広域で連携が行われていますが、
任意の協力関係（大阪府域地方税徴収機構など）にとどまるもののほか、
一部事務組合（茨城租税債権管理機構など）や広域連合（京都地方税機構
など）によるものなど、その手法は様々です。

徴収事務を共同処理する組織数 43（事務組合21、広域連合 6 、任意組織(※1)16）（令和 4 年 7 月現在）

構成	市町村のみで構成	道府県と市町村で構成	
業務	徴収業務（滞納整理の実施、職員に対する研修など）		課税に関する業務（申告の受付など）
	個人住民税（個人道府県民税を含む）、固定資産税など市町村税(※2)	道府県税	
類型	**26組織**（広域連合 3 、一部事務組合21、任意組織 1 ） ○個人住民税を中心として市町村税の滞納案件を移管し、滞納処分まで移管先の組織において実施。 茨城租税債権管理機構、愛媛地方税滞納整理機構など	**15組織**（広域連合 1 、任意組織14） ○市町村税の滞納案件のみ移管する組織と道府県税まで移管する組織がある。 ○任意組織では、県・市職員を相互併任し、滞納処分まで行う場合には、移管元の長の名において実施。	
		2 組織（広域連合 2 ） ○徴収業務のほか、課税業務の一部(※3)、電算システムの整備。 京都地方税機構（法人関係税申告書等受付・税額算定、自動車関係税申告書等データ化）、静岡地方税滞納整理機構（軽自動車税の申告書の受付）	

※ 1　「任意組織」とは、広域連合・一部事務組合以外で、組織名を掲げ、各地方団体の職員間で併任等を発令して共同で滞納整理に取り組む組織をいう。
※ 2　国民健康保険法の規定に基づく国民健康保険料等に係る滞納事案について、共同徴収の対象としている組織もある。
※ 3　地方税法及び関係法令に基づき算定された税額であるかどうかを点検、確認するものであり、税額の決定は課税主体である地方団体が実施。

出典：総務省サイト（https://www.soumu.go.jp/main_content/000759371.pdf）

得票数は当選の判断以外にも影響する

> **なるほど** 地方選挙において、最多得票数を獲得した候補者であっても当選できない場合がある。

◈ 法定得票数制度

2022年10月、東京都品川区の区長選挙において、最多得票数を獲得した立候補者の得票数が法定得票数に届いていなかったとして、再選挙が行われることとなったというニュースがありました。

地方選挙の当選人について、公職選挙法（以下、公選法）は「有効投票の最多数を得た者をもつて当選人とする」としつつ、「ただし、次の各号の区分による得票がなければならない」と定めています（95条1項）。この得票の数を「法定得票数」といいます。

同項の3号と4号の規定は、次のとおりです。

---

(3) 地方公共団体の議会の議員の選挙

　当該選挙区内の議員の定数（選挙区がないときは、議員の定数）をもつて有効投票の総数を除して得た数の4分の1以上の得票

(4) 地方公共団体の長の選挙

　有効投票の総数の4分の1以上の得票

上に挙げた品川区長選挙の場合、6人の立候補者のうち最多得票数を得た者の得票数は有効投票の総数の4分の1に届かず、24.48％にとどまりました。その結果、公選法109条1号及び110条1項本文の規定により、「当選人がないとき」に当たるとして、再選挙が行われることとなったのです。

長の再選挙が行われるということは、長の不在の期間が生じるということになります。この場合、自治法152条の規定により、職務代理者である副知事又は副市長村長がその職務を代理します（同条の規定は特別区にも

適用されます。同条283条1項）。

　速やかに再選挙が行われて長が決定すれば、それに越したことはありませんが、再選挙でも当選人が決まらず再々選挙になった例や、再選挙前に異議の申出がされるなどして約1年半にわたり長不在の状態が続いたという例もあります（選挙に関する争訟が行われている間は再選挙を行うことができません。公選法34条3項〜5項）。上で紹介した品川区長選挙の件では、約2か月後に再選挙が行われ、1回目で最多得票数を得た者が有効投票の38.6％を得たことで無事当選者が決定したとのことでした。

　なお、再選挙を行わなければならなくなる原因としては、法定得票数の要件のほか、当選人が死亡者である場合や異議申立て等の結果により当選人がいなくなった場合があります（公選法109条及び110条）。

～～～～～～～～～～～～～～～～～～～～～～～～～～～～

> 大事これ
>
> 地方選挙に立候補するには、所定の額の供託金を供託しなければならない。
> 供託金は、選挙において所定の数（供託金没収点）を上回る得票数を得た候補者にはその全額が返還されるが、その数に届かなかった者はその全額が没収される。

◈ 供託金没収点

　地方選挙において、得票数に応じて扱いの変わる事項がもう1つあります。それが供託金没収点です。

　供託金とは、公職の候補者が供託所に預ける現金等をいい、立候補の届出の際、選挙管理委員会等に供託を証明する書面（供託書正本）を提出することが求められているため（公選法92条等）、供託金の納付は立候補の要件と解されています。

　各地方選挙における供託金額と供託金没収点は、次のとおりです。

選挙の種別		供託金額	供託金没収点
首長選挙	都道府県	300万円	有効投票の総数の10分の1
	政令市	240万円	
	その他の市及び特別区	100万円	
	町村	50万円	
議員選挙	都道府県	60万円	有効投票の総数を議員定数で除して得た数の10分の1
	政令市	50万円	
	その他の市及び特別区	30万円	
	町村	15万円	

　供託金の制度は、売名目的等によりいたずらに候補者が乱立するのを防ぐことに趣旨があるといわれていますが、憲法15条1項の立候補の自由を侵害する、あるいは、同44条で禁止される選挙人の資格に関する差別に当たるなどとして、度々裁判で争われています。

　最近の事件としては、供託金を準備できなかったことから2014年の衆議院選挙に立候補できなかった者が提訴した事案で、東京地方裁判所は、供託金制度とその額について、憲法15条1項、同44条、市民的及び政治的権利に関する国際規約25条には違反しないと判示しました（同地裁令和元年5月24日判決）。なお、この事件は、第一審と控訴審で敗訴した原告により最高裁判所に上告されましたが、上告は棄却され、事件は終了しています。

10　被選挙権には選挙権が必要となる

選挙要件と議員資格

> これ大事　地方議会議員の選挙に立候補し、その地位に就くことのできる権利（被選挙権）を得るには、その選挙に投票する権利（選挙権）を有することが必要である。

◇ **選挙権と被選挙権**

　地方自治体において住民の選挙によって選ばれるのは、長（知事、市町村長、特別区長）とその自治体議会の議員です。

　長と議会は、それぞれ二元代表制を支える両輪の立場にありますが、長と議員の被選挙権には、次のような違いがあります（公選法10条）。

・都道府県知事：日本国民で、年齢が満30歳以上の者

・都道府県議会議員：その選挙権のある者で、年齢が満25歳以上のもの

・市町村長：日本国民で、年齢が満25歳以上の者

・市町村議会議員：その選挙権のある者で、年齢が満25歳以上のもの

　これらの規定を見てみると、選ばれる地位によって被選挙権の条件が少しずつ異なっていることがわかります。

　知事の被選挙権とそれ以外とで年齢要件が異なる理由については、知事は扱う地域と事柄が大変広いので、市町村長や議員以上に経験と知識が求められるからであるなどと説明されています。

　また、議員については、都道府県と市町村に共通して、候補者自身が議員の選挙権を有することが条件となっており、その理由としては、知事や市町村長には、地域を限定せずに広く有能な人材を登用する必要がある一方、議員には、地域に密着し、地域住民の声を議会に届ける役割が期待されているからであるなどと説明されています。

　議員の選挙権の要件は、次のように規定されています（公選法9条）。

・都道府県議会議員選挙：日本国民で満18歳以上であり、引き続き 3 か月
　以上その都道府県内の同一の市区町村に住所のある者（引き続き 3 か
　月以上その都道府県内の同一市区町村に住所を有していたことがあり、
　かつ、その後も引き続きその都道府県の区域に住所を有する者を含む。）
・市区町村議会議員選挙：日本国民で満18歳以上であり、引き続き 3 か月
　以上その市区町村に住所のある者

これ
大事

議員は、住所要件を満たしていなかった場合、その当選が無効
と決定されるか、議会において議員資格を有しないと決定され
たときに、失職する。

◈ 住所要件と議員資格

　選挙権のため 3 か月以上住所を有することを「住所要件」といいます。
住所の認定については、その者の生活の本拠（民法22条）がどこにあった
のかという点で判断され、また、「生活の本拠」とは、その者の生活に最
も関係の深い一般的生活、全生活の中心を指すものと解されています（最
高裁昭和 32 年 9 月 13 日判決）。

　この住所要件を欠いていた場合、当選の効力を争うことのできる期間内
であれば公選法に定められた手続（公選法15章）により当選の効力が判断
され、それ以降であれば、議会における資格の審査（自治法127条）によ
り議員資格の有無という方法で判断がされます。

　住所要件が問題となった最近の事例としては、大々的に報道された次の
事件が記憶に新しいところです。

> 戸田市議会議員選挙で当選した候補者について、選挙の日から３か月以内に戸田市以外の場所に住所があったのではないかが問題となり、選挙管理委員会が当選無効の決定を下したため、最高裁まで争われたが、決定は覆らず、当選の無効が確定した。

　このほか、最高裁判所は、被選挙権の有無が争われた事件で「一定の場所がある者の住所であるか否かは、客観的な生活の本拠たる実体を具備しているか否かにより決すべき」（最高裁平成９年８月25日判決）と判示し、また、相続税法上の納税義務者の住所に関する事件では「主観的に贈与税回避の目的があったとしても、客観的な生活の実体が消滅するものではない」（最高裁平成23年２月18日判決）と判示しています。

　生活が多様化し、複数の生活拠点を持つ人も珍しくない昨今、生活の本拠の認定が一筋縄ではいかない事例も散見されます。「生活に最も関係の深い一般的生活、全生活の中心」がどこにあるのかについては、より実質的、実態的な判断が求められるという指摘もされています。

第 2 章

自治体と
執行機関

01 # 知事・市町村長の退職は議長に申し出る

長の役割と意思決定の種類

> **なるほど** 知事・市町村長が本人の意思により退職する場合は、議長に申し出なければいけない。

◈ 長の任期と担任する主な事務

　長の任期は、4年です（自治法140条）。任期中、本人の意思により退職する場合は、都道府県知事は退職予定日30日前までに、市町村長は退職予定日20日前までに、議長に退職を申し出なければいけません（自治法145条）。

　長が担任する主な事務として、自治法149条に挙げられているものは、以下のとおりです。

---

① 議会の議決を経べき事件につきその議案を提出すること。

② 予算を調製し、これを執行すること。

③ 地方税を賦課徴収し、分担金・使用料・加入金・手数料を徴収し、過料を科すること。

④ 決算を議会の認定に付すること。

⑤ 会計を監督すること。

⑥ 財産を取得し、管理し、処分すること。

⑦ 公の施設を設置し、管理し、廃止すること。

⑧ 証書・公文書類を保管すること。

⑨ その他その地方公共団体の事務を執行すること。

　自治体の長を支えるトップマネジメント体制として、都道府県には「副知事」が、市町村には「副市町村長」が置かれます（自治法161条1項）。市町村における副市町村長の職は、2006年の自治法の改正により、従来の「助役」から、その役割を適切に表すものとして名称が改められました。

市町村長本人に対する戸籍の証明書は、市町村長名では発行できず、その職務を代理する者の名前で発行される。

◇ 職務代理者の役割

　長に事故がある場合や長が欠けたときは、副知事または副市町村長がその職務を代理します（自治法152条1項）。副知事や副市町村長がいない場合は、長の補助機関である職員が長の職務を代理します（同条2項、3項）。これを「職務代理者」といいます。職務代理者の代理権限は、議会の解散権等、長の身分に伴う一身に専属的な権限を除いて、長の権限のすべてに及びます。

　上記で「事故があるとき」とは、長期や遠隔の旅行、病気等で職務を行い得ない状況にある場合をいいます。以前は、海外への出張の際に一時的に職務代理者を置く例もありましたが、通信手段が多様となり必要な連絡も容易となった最近では、そのような例は少なくなっているようです。

　長に事故がある場合や長が欠けたとき以外における職務代理者の必要を定めるのが、戸籍法2条です。同条は、市町村長は本人やその配偶者等に関する戸籍に関する職務を行うことができないと定めており、そのため、上記に紹介のような事例が生じます。なお、住基法に同様の規定はありません。

 公立学校は教育委員会の所管であるが、私立学校は長の所管である。自治体によっては、私立学校に関する事項を長から教育委員会へ委任している。

◇ 専決・代決・委任

　対外的な法律の効果は、行政庁である長の名前をもって発生しますが、自治体におけるすべての意思決定を長が行うことは、現実的ではありませ

ん。

　事案の重要度により、長を補助する職員（補助機関）が職階（職務における格付け）に応じて意思決定を行う仕組みを「専決」といいます。

　なお、長や専決者の不在の際、臨時的に補助機関が行う意思決定は「代決」と呼ばれ、専決とは異なります。

　上記に紹介の事例で「原則として」とあるのは、長の権限の一部が受任者に移される「委任」が行われている場合は、例外的にその受任者が自己の名前と責任において処理を行うことになるからです。

　長は、その補助機関である職員や、その管理に属する行政庁（支庁、地方事務所など）に委任を行うことができます（自治法153条）。指定都市の長が、税の賦課徴収に関し、行政区の区長に委任するなどの例があります。

　また、長は、自治体の他の執行機関と協議して、それらの機関やその事務を補助する職員等に委任することができます（自治法180条の2）。上記に紹介の例のように、私立学校に関する事項は、本来は長の権限ですが（「地方教育行政の組織及び運営に関する法律」（以下、地教行法）22条3号）、これを教育委員会に委任するなどの例があります。

　なお、長から他の執行機関に「委任」が行われた場合であっても、受任先の執行機関では、職階による「専決」が行われているのが一般的です。

　これら意思決定の種類をまとめると、以下のようになります。

名称	内容
決裁	事案に対する意思決定
専決	事案の重要度により、職階に応じて行われる意思決定
代決	長や専決者の不在の際、臨時的に行われる意思決定
委任	特定の事案について、他者の権限をもって行わせる意思決定

02 農地がないので農業委員会を置かない市がある

行政委員会の種類

東京ディズニーランドがあることで有名な千葉県浦安市には、市町村には必置である農業委員会が存在しない。これは、同市の区域内に農地が存在しないため。

◈ 行政委員会制度

　自治体では、長のほか、執行機関として委員会・委員が置かれ、行政権が分散しています（自治法138条の 4 第 1 項）。

　このような仕組みは、行政運営の権力が特定の地位に集中しないよう意図されているところによります。頭がいくつもあるヤマタノオロチにたとえると、わかりやすいでしょうか。

　委員会・委員は、法律に基づき設置され、自治体が条例で新たな執行機関を設けることはできません。これを「執行機関法定主義」といいます。

　自治体に置かなければならないとされている委員会・委員は、次のとおりです。

① 都道府県と市町村に共通して置かなければならないもの

名　　称	業務内容
教育委員会	学校等の教育機関の管理、教育課程、教育職員の身分取扱い等の事務を行うとともに、社会教育その他の教育、学術、文化に関する事務を管理・執行する（自治法180条の 8 ）。
人事委員会 公平委員会	人事行政に関する業務を行う（公平委員会は、その中の限定された業務を行う）（自治法202条の 2 第 1 項、 2 項）。
監査委員	財務事務、経営事業等に関する監査を行う権限を有する（自治法199条 1 項、 2 項）。

② 都道府県に置かなければならないもの

名　称	業務内容
公安委員会	都道府県警察を管理する（自治法180条の９）。
労働委員会	労働組合の資格立証・証明等のほか、労働関係に関する事務を執行する（自治法202条の２第３項）。
収用委員会	土地収用裁決等の事務を行う（自治法202条の２第５項）。
海区漁業調整委員会	業調整のための必要な指示等の事務を行う（自治法202条の２第５項）。
内水面漁場管理委員会	

③ 市町村に置かなければならないもの

名　称	業務内容
農業委員会	農地等の利用関係の調整等のほか、農地に関する事務を執行する（自治法202条の２第４項）。
固定資産評価審査委員会	固定資産課税台帳に登録された事項に関する不服の審査決定等の事務を行う（自治法202条の２第５項）。

　都道府県には、農業委員会がありません。2012年に、農地等の権利移動許可等に係る権限が都道府県から市町村に移譲されましたが、都道府県知事からの移譲先は、市町村長ではなく農業委員会でした。

　なお、冒頭に紹介のとおり、浦安市には農業委員会がないことから、農業委員会の業務は市長部局の商工観光課が行っています(2022年12月現在)。

> **なるほど** 教育委員会の構成員は、過去には長や議長と同様に公選制だった。

◈ 委員会・委員の組織

　長は 1 人ですが、行政委員会は「合議制」の機関です。合議制とは、意思決定を複数の委員の合議によって行う制度です。

　合議体である教育委員会を組織するのは、教育長と 4 人の委員です（地教行法 3 条）。教育委員会の構成員は、現在では議会同意による長の任命制ですが、1956年に教育委員会法が廃止されるまでは、長や議員と同様に公選制でした。

　教育委員会法の廃止と地教行法の制定（1956年）は、戦後の民主主義を推進することを目的としてＧＨＱ主導で制度化された教育委員会について、独立回復後、教育行政と一般行政との調和を進めるべく見直しがされたことによります。

　急いで相談や決裁が必要な場合、知事や市町村長であれば、秘書課を通し、依頼することは可能でしょう。一方、教育委員会による意思決定は、主に、月に 1 回など定期的に開催される会議によることから、そのような対応を求めるのは難しいといえます。とはいえ、機動的な判断等が求められる局面もあることから、教育委員会の代表者である教育長が、実際の教育行政では大きな役割を占めます。

　一方、監査委員は「独任制」であり、それぞれの監査委員が独立して職権を行使することが可能です。そのため、「監査委員会」という名称はありません。

　なお、独任制ではあっても、監査の結果に関する報告の決定など、重要とみなされる事項については、監査委員の合議により決定することとされています（決算に関し、自治法233条 4 項など）。

教育委員会の名前での契約は 原則としてできない

長と他の執行機関の関係

> 契約の締結と予算の執行は長の権限であるので、その委任がない限り、教育委員会の名前で契約を締結し、また、支払いの処理を行うことはできない。

◈ **委任・補助執行**

　長や他の執行機関は、行政運営の円滑化と能率化を図るため、自治法の定めるところにより、その権限の一部について相互に処理させることができます。

① **長の権限の委任・補助執行**

　長は、委員会・委員と協議して、長の権限に属する事務の一部を、委員会、委員長、委員若しくはこれらの事務を補助する職員等に委任し、または補助執行させることができます（自治法180条の2）。冒頭に掲載の事例がこれに該当します。

② **委員会・委員からの権限の委任・補助執行**

　委員会・委員は、長と協議して、その権限に属する事務の一部（公安委員会の権限に属する事務を除く（地方自治法施行令（以下、自治令）133条の2）を、長の補助機関の職員等に委任し、または補助執行させることができます（自治法180条の7）。

◈ **職員の兼職等**

　長は、委員会・委員と協議して、長の補助機関である職員を、委員会・委員の事務を補助する職員等と兼職させ、これらの職員に充て（充て職）、または委員会・委員の事務に従事させることができます（自治法180の 3 ）。

　規模が大きくない自治体にあっては、一定の役職者が複数の執行機関の事務局長の任に当たる事例は珍しいことではありません。

　また、市町村の職員の方は、選挙事務に携わることが少なからずあると思いますが、これは、上記の事務従事の代表的な事例です。

> **これ大事**　自治体の執行機関は複数あるが、その中で長は「総合調整権」を有する。

◈ **長の専属的権限と総合調整権**

　執行機関多元主義による行政運営が行われる一方で、執行機関は、長の所轄の下に相互の連携を図り、すべて一体として行政機能を発揮するようにしなければならないとされています（自治法138条の 3 第 2 項）。

　自治法は、執行機関が行政の一体的総合的運営を図るため、長の専属的権限と総合調整権を規定しています。

	権限の対象
長の専属的権限（自治法180条の 6 ）	予算の調整・執行、議会への議案提出、地方税の賦課徴収・分担金の徴収等、決算を議会の認定に付すること
長の総合調整権	執行機関の組織（自治法180条の 4 ）、予算（自治法221条）、公有財産（自治法238条の 2 ）

　また、長は、教育・学術・文化の振興に関し総合的な施策の大綱を定めるものとされており、これを定めようとするときは、長と教育委員会で構成する総合教育会議で協議するものとされています（地教行法 1 条の 3 ）。

証明書の交付も「公権力の行使」である

行政処分と「理由の付記」

> **これ大事** 住民課の窓口で日常的に行われている住民票や印鑑登録に関する証明書の交付も「公権力の行使」である。

◈ 行政処分とは

公務員は、その仕事において「決まりなので、駄目です」と言わなければいけない局面が少なくありません。これは、公務員の仕事の多くが法律に基づく「行政処分」であることによります。

行政処分とは、「行政庁の行為のうち、行政庁の一方的な意思によって公法上の法律効果が生じるもの」です。「法律による行政の原理」という言葉がありますが、これは、行政処分のような「公権力の行使」は民主的なプロセスを経て制定された法律のコントロールのもとに置かれるべきとする考え方です。

なお、「処分」などというとちょっと恐ろしく聞こえるかもしれませんが、住民課や出張所の窓口で行われている住民票や印鑑登録に関する証明書の交付も行政処分です。

> **これ大事** 申請により求められた許認可等を拒否する際、理由の付記がない場合は、その拒否が無効となることがある。

◈ 「申請に対する処分」と「不利益処分」

行政手続法（以下、行手法）は、行政運営における公正の確保と透明性の向上を図るために制定された法律です（同様の目的のために、自治体で定められた行政手続条例もあります）。

　行手法は、行政庁が行う「申請に対する処分」と「不利益処分」の取扱いについて定めています。

種　類	必要な手続	事　例
申請に対する処分（申請に対する許認可等）	・申請がその事務所に到達したときは、遅滞なく審査を開始しなければならない（行手法7条）。 ・申請により求められた許認可等を拒否する処分をする場合には、原則として、同時にその理由も示さなければならない（行手法8条）。	・飲食店の営業許可 ・市民ホールの利用許可
不利益処分（特定の者に対し、直接義務を課し、または権利を制限する処分）	・不利益処分を行う場合には、原則として、意見陳述のための手続（聴聞または弁明の機会の付与）を執らなければならない（行手法13条1項）。 ・原則として、不利益処分と同時に理由を示さなければならない（行手法14条1項）。	・許認可の取消処分 ・営業停止処分

　上記の表のとおり、行政処分に際しては、その理由を「示さなければならない」とされています。理由を文書で示す際は、単に「○○法○条○項に該当する（該当しない）」という記述だけでは不十分であり、「いかなる事実関係に基づいて、その行政処分の判断がされたか」の記載までが必要とされています。

　税の賦課処分は不利益処分であるが、行手法で必要とされる聴聞や弁明の機会の付与は（当然ながら）必要とされない。

◈ 不利益処分と地方税法による適用除外
　税の賦課処分も不利益処分の代表的な例です。双方の意思の合致により法的効果が生じる「契約行為」では、租税の仕組みが成り立たないのはお

わかりいただけるでしょう。

　しかしながら、税の賦課処分に際し、行手法に基づく聴聞や弁明の機会が付与されることはありません。

　これは、地方税に関する法令の規定による処分その他公権力の行使に当たる行為については、「理由の提示」を除いて、行手法に定める「申請に対する処分」「不利益処分」に関する規定は適用されないものとされていることによります（地方税法18条の4第1項）。

~~~~~~~~~~~~~~~~~~~~~~~~~~~~~~~~~~~~~~

なるほど　自治体が徴収する手数料には、消費税が含まれるものと含まれないものがある。

◈ 手数料と消費税

　申請に基づき住民票や印鑑登録に関する証明を受けることが「申請に対する処分」である一方、これに付随する手数料の賦課は「不利益処分」です。これらの処分は、パラレルに存在します。

　住民票や印鑑登録に関する手数料に、消費税（国及び地方。以下同じ）は含まれません（消費税法別表1第5号）。これは、手数料の多くが公権力に基づいて徴収され、または住民生活の遂行上その支払いが事実上強制されるなど、税金と類似する性格を持っていることから、二重課税に類した取扱いを避けようとしたことによります。

　一方、ごみ処理手数料など、上記に該当しないものは、消費税の課税対象となります。

　ただし、上記の消費税を自治体が納めているわけではありません。これは、自治体が一般会計に係る業務として行う事業については、「課税標準額に対する消費税額と、そこから控除できる消費税額を同額とみなす」ことにより、結果的に納税額が発生しない仕組みになっているからです（消費税法60条6項）。

**パブリック・コメントに約1万3000件の
意見が寄せられた条例がある**

住民参加

 2003年3月、神奈川県横須賀市が「特定建築等行為に係る手続き及び紛争の調整に関する条例」の素案に対し意見を公募したところ、1万2902件もの意見が寄せられた。その後、同条例の制定に際しては、約40か所の修正が施された。

◇ 意見公募手続

　「意見公募手続」とは、行政機関が政策を実施していく上でのルール等を定める際に、あらかじめその案を公表し、広く意見や情報を募集する手続をいい、「パブリック・コメント」とも呼ばれます。

　国が実施する意見公募手続は、行手法に基づき、政省令等を定めようとする際に実施されます。法律についての適用はありません。

　行手法46条では、意見公募手続に関する制度設計を自治体に求めていますが、「参加」の概念が希薄であると指摘される国の運用に対し、住民により近い立場の自治体では、条例や重要な計画などについても、意見公募手続が実施されています。

　自治体で意見公募手続の対象となる例規の制定改廃や重要な計画の策定を行おうとする場合は、その手続も見込んでスケジュールを立てる必要があります。一方、政省令等の制定改廃が自治体の事務に影響を与える場合は、国の意見公募手続の段階で、その内容の理解など準備に努めておけば、時間的な余裕を設けることができます。

　法律について意見公募手続が実施されないのは、立法機関である国会を構成する議員は国民の代表であるという考えによるものです。

　これに対し、自治体の議会においては、長からの提案によらず議会が自ら政策的な視点から条例を定めようとする際は、意見公募手続が実施されることがあります。議会による意見公募手続は、執行機関における運用を

規定した行政手続条例などの対象とはならないことから、事案ごとに任意に行われることが一般的ですが、あらかじめ対象となる事案や運用方法について要綱を定めている議会もあります（茨城県つくば市、神奈川県横須賀市など）。

◈ 住民参加と住民参画

「住民参加」とは、行政機能の拡大、住民意識の変化等の中で、行政の円滑な実施を図るため、住民の意向を積極的に組み上げ、これを行政に反映させることをいいます。

その方式としては、請願や直接請求、住民監査請求など制度として設けられたもののほか、アンケート調査やワークショップの実施など実務上の取扱いも少なくありません。

なお、意見公募手続（パブリック・コメント）が「事前にその案を公表し、広く意見や情報を募集する手続」であるのに対し、政策や計画などの初期段階から住民の関与を求める「パブリック・インボルブメント」と呼ばれる手法があります。「参加」よりも住民の関与の度合いが大きいことから、「住民参画」と呼ばれる手法の１つです。

パブリック・インボルブメントは、「ＰＩ」と略されることもあり、国土交通省による道路事業の実施において、その構想段階から関係者の合意形成が図られるなど、国の事業でも活用されています。

これらの手法にカタカナ用語が多いのは、我が国の行政に住民参加の歴史が浅い証左かもしれません。翻ってそれらは、これからの行政の諸活動において、開拓が可能な分野といえます。

より積極的な関与である直接参政の制度については、第１章05を参照ください。

> **なるほど** 自治体議会で、「請願」の取扱いにはそれほど違いがないが、「陳情」の取扱いは大きく異なる。

◈ 請願・陳情

　「請願」の権利は憲法16条に保障されており、また、官公署は受理した請願を誠実に処理しなければならないものとされています（請願法5条）。

　請願の手続は、天皇、官公署及び国会に対するものは請願法、国会法等により、自治体の議会に対するものは自治法に定められています。自治体の議会に請願しようとする者は、議員の紹介により請願書を提出しなければいけません（自治法124条）。

　これに対し、「陳情」は、請願と同じく、国または自治体の機関に対して希望を述べることですが、請願の要件である議員の紹介を欠くものです。

　請願が通常の議案と同様に議決の対象となるのに対し、陳情の取扱いは、議会によって様々です。請願と同様に議決の対象とする例のほか、内容に応じて、①議決の対象とする、②長に送付するにとどめる、③議員に参考配布するにとどめる、などの対応を使い分ける例も見られます。

　なお、請願法に基づく自治体への請願は、議会に制限されるものではありません。同法の趣旨を踏まえて、長など執行機関に対する請願については、「知事への手紙」「市長（町長・村長）への手紙」などの制度として運用されている状況があります。

自治体の情報公開条例は、国の法律より約20年早かった
情報公開制度と個人情報保護制度

情報公開制度について山形県金山町が定めた条例の施行は、1982年。国の情報公開法の施行が2001年であるから、20年近く、自治体が国より先行していたことになる。

◈ 自治体と国の情報公開制度

　自治体における情報公開制度は、それぞれが定めている情報公開条例に基づき運用されていることから、自治体によって具体的な内容はそれぞれ異なります。とはいえ、大まかな流れに、それほど違いがあるわけではありません。

　情報公開制度の下では、公文書（電磁的記録によるものを含みます）は原則的に公開されるものとしており、不開示の対象となる情報を限定的に定めています。

　不開示の対象となる情報としては、法令等で非公開とされているものや、特定の個人が識別できるもの、法人や事業を営む個人の正当な利益を害するもの、公共の安全と秩序の維持に関するものなどがあります。

　開示の対象とならない範囲により、請求の対象となった文書について「一部開示」や「全部不開示」となる場合があります。一部開示における不開示部分は、一般に黒塗りで対応されます。

　なお、国の各行政機関では、情報公開法に基づいて運用がされていますが、立法機関である国会と司法機関である裁判所は、同法の対象とはなっていません。このため、衆議院事務局と参議院事務局では、それぞれが保有する事務局文書の開示に関する事務取扱規程に基づいて制度の運用が行われており、裁判所では、「裁判所の保有する司法行政文書の開示に関する事務の取扱要綱」とこれに関する事務総長通知に基づいて制度の運用が行われています。

　自治体議会の情報公開については、長などの執行機関と併せて条例で定められているのが一般的ですが、北海道のように、議会と執行機関でそれぞれ情報公開に関する条例を制定する例もあります。

◈ 濫用的な開示請求への対処

　情報公開が推進される一方で、自治体へ悪意があると見受けられるような著しく大量の情報公開請求に自治体が悩まされる例も見るところです。

　「～に関する公文書のすべて」のようなあいまいな指定に対しては、請求時に条例に定める必要事項のうち「開示請求に係る行政文書を特定するに足りる事項」の記載がないことをもって不適法な請求であると却下される例が少なからずあり、その是非について裁判例が蓄積されてきました。

　現在でも議論はありますが、自治体の条例の中には「開示請求権の濫用禁止」を定めるものや、濫用と認められる開示請求は却下することができる旨を定めるものがあります。

　　なるほど　自らの採用試験の結果に関する情報を入手しようとする場合、情報公開制度に基づく請求では、本人のものであっても「個人に関する情報」として開示の対象とならない。

◈ 個人情報保護制度

　情報公開に類似する制度として、自己情報の開示請求手続があります。

　いずれも自治体が保有する情報の提供を求めるものですが、情報公開制度が広く一般に公開が可能な情報を対象にするのに対し、自己情報の開示請求手続は、自治体が保有する「請求人本人の情報」の提供を求める点に違いがあります。

　その目的は、自己の情報が自治体において適切に管理されているかを確認できるようにすることにあり、上記に紹介の事例のように、自治体が保

有する自らの採用結果に関する情報を入手しようとする場合は、自己情報の開示手続による必要があります。

　個人情報保護制度に関しては、情報公開制度と同様に、国と自治体でその根拠を法律と条例によって分担してきた経緯がありますが、2021年5月に「デジタル社会の形成を図るための関連法律の整備に関する法律」が公布され、民間部門と国・自治体の公的部門が個人情報保護法（個人情報の保護に関する法律）によって一元的に管理されることになりました。

　このような法律改正が行われた背景としては、デジタル社会の進展や個人情報の有用性の高まりを背景として、官民や地域の枠を超えたデータの利活用に当たり、現行法制の不均等・不整合が支障になっていたことがあります。一元化により、独立規制機関である個人情報保護委員会が、公的部門を含め、一元的に監視監督する体制が確立されることになりました。

　なお、個人情報保護法は自治体議会を対象としていないことから、議会に関する個人情報保護制度については、これまでどおり、自治体が条例で定めることになります。

第**3**章

公務員制度

01 地方公務員一般職の具体的な定義は規定されていない

なるほど 地方公務員法には、地方公務員の意義について2つの規定がある。

◈ 地方公務員とは

地方公務員の意義について、地方公務員法（以下、地公法）を調べてみると、2条に次のように規定されています。

> 地方公務員（<u>地方公共団体のすべての公務員をいう。</u>）に関する従前の法令又は条例、地方公共団体の規則若しくは地方公共団体の機関の定める規程の規定がこの法律の規定に抵触する場合には、この法律の規定が、優先する。

ところがすぐ下の3条1項には、次のように規定されています。

> 地方公務員（<u>地方公共団体及び特定地方独立行政法人（中略）の全ての公務員をいう。以下同じ。</u>）の職は、一般職と特別職とに分ける。

(下線はいずれも筆者)

一見すると、地公法には地方公務員の定義が2つ置かれているかのようです。これには歴史的な理由があります。

地公法2条は、1950年の制定当時、まだ法令や条例に地方公務員に関して地公法と異なる規定が多くあったため、それらとの抵触関係を整理するため置かれました。一方、3条は、2003年に特定地方独立行政法人の制度ができた際に、同法人の職員も含めて、地公法の適用対象となる地方公務員を定義するため、現在の文言に改められました。このとき、制定当時の法令や条例との抵触関係について規定した2条をわざわざ改正する必要がなかったことから、同条はそのままにされたといわれています。

地公法3条以下は、まさに地方公務員の地位や処遇に関する規定が並ぶ

わけですから、同条の定義規定には、2条にはない「以下同じ」という文言が入っています。なお、2条の「すべて」と3条の「全て」の表記が異なっていることも時代を感じさせます（現在の公用文の表記としては後者が原則です。平成22年内閣訓令第1号「公用文における漢字使用等について」）。

~~~~~~

> **なるほど** 地公法には、一般職の意義を具体的に定義する規定は置かれていない。

◈ 一般職と特別職

　地方公務員は、一般職と特別職に分かれます。自治体の職員であれば、「自分は一般職」「市長や議員は特別職」ということは当然みなさん知っているかと思いますが、「一般職とは？」「特別職とは？」ということを説明できる方は意外と多くないかもしれません。地公法3条2項は次のように規定しています。

> 一般職は、特別職に属する職以外の一切の職とする。

　地公法にはこの規定があるのみで、具体的に「一般職とはこういう職である」といった定義規定は置かれていません。
　では、一般職を定義付ける「特別職」の定義はどうなっているでしょう。地公法3条3項は、各号に9つの職を挙げることで特別職を定義付けています。各号に規定された職と代表的な例は次のとおりです。

> 一　就任について公選又は地方公共団体の議会の選挙、議決若しくは同意によることを必要とする職
> 　　例：長、議員、選挙管理委員会委員、人事委員会委員
> 一の二　地方公営企業の管理者及び企業団の企業長の職

例：○○市公営企業局長

二　法令又は条例、地方公共団体の規則若しくは地方公共団体の機関の定める規程により設けられた委員及び委員会（審議会その他これに準ずるものを含む。）の構成員の職で臨時又は非常勤のもの

例：○○市○○審議会委員

二の二　都道府県労働委員会の委員の職で常勤のもの

三　臨時又は非常勤の顧問、参与、調査員、嘱託員及びこれらの者に準ずる者の職（専門的な知識経験又は識見を有する者が就く職であつて、当該知識経験又は識見に基づき、助言、調査、診断その他総務省令で定める事務を行うものに限る。）

例：○○市政策参与

三の二　投票管理者、開票管理者、選挙長、選挙分会長、審査分会長、国民投票分会長、投票立会人、開票立会人、選挙立会人、審査分会立会人、国民投票分会立会人その他総務省令で定める者の職

四　地方公共団体の長、議会の議長その他地方公共団体の機関の長の秘書の職で条例で指定するもの

五　非常勤の消防団員及び水防団員の職

六　特定地方独立行政法人の役員

例：○○県立○○大学理事

　行政実例では、特別職は「<u>恒久的でない職または常時勤務することを必要としない職であり、かつ、職業的公務員の職でない</u>点において、一般職に属する職と異なるもの」（行実昭和35年7月28日自治丁公発9号。下線は筆者）と説明されており、下線部分が特別職の定義といえそうです。

　そして、これを逆から見ると、全ての地方公務員から特別職を除いた職業的公務員の職が一般職となるわけです。

　なお、地方公務員の職を表す際に常勤職と非常勤職という区別がされることもあります。両者は、その自治体で定められた正規の勤務時間勤務するかどうかという勤務形態に着目して区別されますが、その区別や定義を

定めた規定は、やはり地公法には置かれていません。一般職と特別職のそれぞれに常勤職と非常勤職があり、その主な例は次のとおりです。

- ・常勤一般職：正規職員
- ・非常勤一般職：会計年度任用職員
- ・常勤特別職：長、副知事・副市長村長
- ・非常勤特別職：議員、監査委員、教育委員会委員

◇ **特別職の規律**

　もう少し特別職について見ておきましょう。地公法 4 条 2 項は、特別職と同法との関係について、次のように規定しています。

特別職には、法律に特別の定めがある場合を除くほか、地方公務員法の規定は適用されない。

　この規定は、特別職はそれぞれ一般職とは異なる地位や任用に基づいていることから、統一的な規律の網をかけることが難しく、それぞれに関する法令の規定により取り扱う必要があることを意味しています。

　なお、特別職に地公法の規定が適用される「法律に特別の定めがある場合」としては、人事委員会委員（同法 3 条 3 項 3 号に該当する特別職）の欠格条項に関する地公法 9 条の 2 第 8 項、服務規定に関する同条12項などの規定があります。

なるほど　議員には、職務上知り得た秘密の守秘義務は課せられていない。

　議員の場合、その身分や地位について、公選法（当選人に関する95条など）や自治法（兼職等に関する92条、懲罰に関する134条など）に規定が置かれています。その一方で、議員は住民のプライバシーや個人情報に接

する機会が多いにもかかわらず、地公法34条の守秘義務に関する「特別の定め」は規定されていません。

　その理由としては、地方公務員制度への信頼を確保するため守秘義務を課される一般職の公務員と異なり、議員は、その活動の中で自らの政治的な責任において秘密を暴露する場合もあり得ることから、法令による一般的な義務は課されていないものと考えられます。

　仮に、議員が議員活動や議会活動において知り得た個人情報等を漏らしてしまった場合、各議会の個人情報保護条例等で特段の規定を置かない限り、懲罰に関する自治法134条（この法律並びに会議規則及び委員会に関する条例に違反した場合）に該当した場合を除くほかは、民事上の責任（損害賠償義務）や事実上の政治的責任を負うにとどまるものと考えられます。

兼業を積極的に認める自治体がある

公務員の服務規定

担当業務を行う中で知った住民の秘密を家族に話したら、守秘義務違反になる。

◎ 公務員の守秘義務

　私たち地方公務員には、地公法の服務規定に基づく様々な義務が課されています。その1つが守秘義務です。地公法では、次のように規定されています。

（秘密を守る義務）

第34条　職員は、職務上知り得た秘密を漏らしてはならない。その職を退いた後も、また、同様とする。

2・3　（略）

　ここでいう「職務上知り得た秘密」とは、職務に関連して知ることとなった秘密を意味し、そこには自分の担当する業務に関する秘密だけでなく、担当外の業務に関する秘密も含まれると解されています。

　一日の仕事を終えたあとの親しい仲間や家族と過ごす時間には、つい仕事上の話が出てしまいます。今日あった面白いことや嫌なことを話すうちに、つい「職務上知り得た秘密」を話してしまったら、相手がたとえ信頼している家族であっても、守秘義務違反に該当してしまいます。

　もちろん、家族に話したからといって、ただちに守秘義務違反が咎められ、処罰されるわけではありません。しかし、家族が家の外でそのことを話してしまい、何らかの形で公になってしまったら、あなたは守秘義務違反として懲戒処分（地公法29条1項）や罰則（地公法60条2号）の適用を受け、話を漏らしてしまった家族ともども、秘密の主体から慰謝料請求など損害賠償（民法709条）を求められる可能性があります。

どんなに信頼できる相手であっても、職場の同僚や上司以外の人と話すときには、固有名詞や個人が特定されるような内容は避けなければいけません。実際に守秘義務違反が問題になった事例を紹介しておきますので、このことを肝に銘じておきましょう。

○ 市の職員が、ストーカー被害を受けた女性の要望により閲覧制限がかかっていたその女性の住所に関する情報を女性の夫を装った調査会社の職員に漏らしてしまった。この女性は、後日、この情報を知った元交際相手の男性に殺害された。
○ 警察の警部と警部補が、暴力団事務所の家宅捜査に暴力団幹部を立ち合わせた方が良いと考え、家宅捜査に関する情報を事前にその暴力団幹部に漏らした。
○ 町長が職員時代に選挙人名簿を勝手に持ち出し、その写しを町議等に交付した。町は、守秘義務違反のほか、公選法違反等の理由で町長を刑事告発した。

 相続したアパートでの賃貸経営は、小規模であれば許可される可能性がある。

 訪問介護員として事業所に登録し、報酬を得て実の母親の介護をした場合、兼業禁止規定に違反するとして懲戒免職となった事例がある。

◈ 公務員の職務専念義務

服務規定に基づく義務には、守秘義務のほかに職務専念義務があります。職務専念義務違反が問題となるケースとしては、いわゆる副業・兼業が挙げられます。

営利企業への従事等について、地公法では次のように規定されています。

（営利企業への従事等の制限）

第38条　職員は、任命権者の許可を受けなければ、商業、工業又は金融業
その他営利を目的とする私企業（以下この項及び次条第1項において「営
利企業」という。）を営むことを目的とする会社その他の団体の役員その
他人事委員会規則（人事委員会を置かない地方公共団体においては、地
方公共団体の規則）で定める地位を兼ね、若しくは自ら営利企業を営み、
又は報酬を得ていかなる事業若しくは事務にも従事してはならない。た
だし、非常勤職員（短時間勤務の職を占める職員及び第22条の2第1項
第2号に掲げる職員を除く。）については、この限りでない。

2　（略）

1回読んだだけでは趣旨がわかりくいかもしれません。簡単に整理する
と、この規定によって次のような行為が禁止されています。

---

① 営利企業等の役員の地位に就くこと

② 自ら営利企業を経営すること

③ 報酬をもらって事業や事務に従事すること

どのような行為が副業・兼業に該当するかは、必ずしも具体的に定めら
れていません。上に挙げたアパート経営の例は、国家公務員の兼業に関す
る通達の中で、5棟あるいは10室未満の賃貸であって賃貸料収入が年額
500万円未満であることといった基準が示されているので（人事院事務総
長発昭和31年8月23日職職-599）、自治体でも同様に解され、経営が許さ
れる可能性があります。

また、訪問介護員の事案は、実際にある自治体で起きた事案です。

一方で、一部の自治体では、働き方改革の一環で副業・兼業をより緩や
かに認め、あるいは、地場産業を応援するため。具体的な基準を定めて職
員の兼業を認める動きも見られます。

青森県弘前市では、りんご農家の労働力不足が深刻となる中、
りんごの生産に職員の兼業を認める基準を整備した。

　弘前市の他、和歌山県有田市ではみかん産業、山形県寒河江市ではさく
らんぼ産業について兼業を認める基準が設けられています。このような動
きは、今後拡大していくものと思われます。
　とはいえ、ほとんどの自治体では、今もいわばケースバイケースの運用
がされています。もし、副業・兼業のチャンスがあったら、なにはともあ
れ、まずは上司と人事部門の担当者に相談することが肝要です。

懲戒処分は 4 つの処分に限定されている

懲戒処分の意義

> **これ大事**　懲戒処分には、戒告、減給、停職、免職の 4 種類がある。
> 訓告、訓戒、厳重注意は、懲戒処分には当たらない。

◇ 懲戒処分とは

　懲戒処分とは、地方公務員の義務違反があった場合に、その者に科されるペナルティであって、地公法29条 1 項に規定される戒告、減給、停職、免職の 4 つの処分のことをいいます。

　具体的に、どのような行為が懲戒処分を科すべき行為に該当するかについては、各自治体において、人事院の規程を参考とした懲戒処分の基準や指針が定められています。一例を挙げると、次のような規定があります。

> 相手の意に反することを認識の上でわいせつな言辞等の性的な言動を行った職員は、減給又は戒告とする。この場合においてわいせつな言辞等の性的な言動を行ったことにより相手が強度の心的ストレスによる精神疾患に罹患したときは、当該職員は停職又は減給とする。
>
> （東京都懲戒処分の指針第 5 標準例 1 (18)ウ）

　4 つの懲戒処分とは別に、訓告、訓戒、厳重注意などといった措置についてもニュース等で聞いたことがあるかもしれません。しかし、これらの訓告等は、懲戒処分には該当せず、「服務上の措置」（大阪府の例）などの呼び方で懲戒処分とは区別して扱われています。本来の意味での懲戒処分は、あくまで地公法29条 1 項に規定される 4 つの処分に限定されているのです。

　では、懲戒処分と訓告等との間には、どのような違いがあるのでしょうか。

懲戒処分	訓告等
任命権者が義務違反や服務規律違反をした職員に科すペナルティ	監督者の地位にある者が職員の義務違反を戒める行う行為
自治法に根拠を持つ。	自治体の内規に根拠を持つ。
行政処分に当たる。	行政処分には当たらない。
人事記録に記載され、昇格や昇給に影響する。	人事記録に記載されず、昇格や昇給に直接には影響しない。

　このような分類を踏まえ、一般的には、懲戒処分は法的効果を伴う強力な処分であり、訓告等は懲戒処分よりも軽く、法的効果を伴わない措置であると理解されています。

◈ **懲戒処分または訓告等に不服がある場合**

　行政処分に当たるかどうかの違いは、懲戒処分や訓告等を受けたことに不服がある場合に、どのような方法で争うことができるかという点に現れます。

これ大事　懲戒処分に不服がある場合は、その自治体の人事委員会又は公平委員会に対し、審査請求を提起することができる（地公法49条の2）。
　また、審査請求の裁決に不服がある場合には、裁判所に処分の取り消しを求めて訴え提起することができる（地公法51条の2）。

　懲戒処分を受けた職員には、これらの規定により審査請求や取消訴訟の道が開かれています。一方、訓告等にはこれらの規定が適用されない結果、審査請求も取消訴訟も提起することができないと解されています。

　しかし、そもそも「私は注意されるような義務違反は行っていない」と考える職員にとって、訓告等を何らかの方法で争いたいという思いは、懲戒処分を受けた場合でも訓告等を受けた場合でも同様でしょう。

> **たとえば**　行政処分ではない訓戒等に対しては、取消訴訟では争えないが、民事訴訟でその違法性を争うことができることを示した裁判例がある。

　近年、自衛隊員が懲戒処分に当たらない「訓戒」（自衛隊の内規である「訓戒等に関する訓令」2条1項）を受けたことを不服として取消訴訟を提起した事例があります。問題となった事案は、この隊員が作成した資料に「盗用」があるとして、防衛省のウェブページに隊員の実名入りで訓戒をしたことを公表したというものでした。

　東京地裁平成30年8月30日判決は、訓令の解釈によれば、訓戒は「隊員らに対して不利益な法的効果をもたらすものとはいうことができない」として、取消訴訟として争うことはできないと判示しました。

　しかし、原告である隊員は、この裁判のあと争い方を改め、訓戒の違法性を主張し、ウェブページの記事の削除と慰謝料の支払いを求める民事訴訟を提起しました。これに対し、東京地裁令和4年10月20日判決では、防衛省の行為の違法性を認め、国に対し記事の削除と慰謝料の支払いを命じました。

　この裁判例については、行政処分ではない訓戒等であっても民事訴訟で争う余地があることを示したものと理解されています。

04 ハラスメントは誰と誰の間でも問題になり得る

なるほど 日本における「ハラスメント」の概念は、1980年代に生まれた。今や、ハラスメントの種類は30以上あるといわれている。

◈ ハラスメントとは

「ハラスメント」という言葉は、英語の「Harassment」（嫌がらせ、いじめ）に由来します。1980年代に、ある事件の被告人となった女性を支援した団体が女性に対する性的嫌がらせを「セクシュアルハラスメント」と表現して注目されたことをきっかけに、この言葉が広く知られるようになりました。

厚生労働省のウェブサイト「あかるい職場応援団」では、次の3つの類型を紹介しています。

職場の「パワーハラスメント」とは、職場において行われる①優越的な関係を背景とした言動であって、②業務上必要かつ相当な範囲を超えたものにより、③労働者の就業環境が害されるものであり、①から③までの3つの要素を全て満たすものをいいます。

職場の「セクシュアルハラスメント」とは、「職場」において行われる「労働者」の意に反する「性的な言動」により、労働者が労働条件について不利益を受けたり、就業環境が害されることをいいます。

職場の「妊娠・出産・育児休業等ハラスメント」とは、「職場」において行われる上司・同僚からの言動（妊娠・出産したこと、育児休業、介護休業等の利用に関する言動）により、妊娠・出産した「女性労働者」の就業環境が害されることをいいます。

最近は、ニュース等で「カスタマーハラスメント」や「モラルハラスメント」などの新しい類型のハラスメントも取り上げられており、その数は30種類以上にものぼるといわれています。今や、<u>個人の人格や人権を侵害し、職場環境を悪化させる行為</u>は、従来の類型に属さないとしても、ハラスメントとして非難や制裁の対象となる可能性があります。

◈ ハラスメントは誰と誰の問題？

みなさんは、パワハラというと上司から部下への言動、セクハラというと男性から女性への言動をイメージすると思います。

多くの自治体でセクハラの基準として準用される人事院規則10−10（セクシュアル・ハラスメントの防止等）2条1項は、セクハラについて次のように規定しています。

> ① 他の者を不快にさせる職場における性的な言動
> ② 職員が他の職員を不快にさせる職場外における性的な言動

この規定からは、次のような行為もセクハラに該当する可能性があることが読み取れます。

【女性から男性への言動】
　　例：女性の上司が男性の部下にだけ時間外勤務を命じた。
【同性同士での言動】
　　例：同性の職員の性的指向を言いふらした。
【本人に対する間接的な言動】
　　例：職場で、大きな声で性的な話題を話した。

元々そのハラスメントの典型的な行為と思われていた行為と異なる行為類型への広がりは、パワハラでも見られます。

【部下から上司への言動】

例：過度な言動を伴って上司の業務上の指示を拒否する。

【同僚間の言動】

例：協力して行うべき業務から仲間外れにする。

　職場環境を悪化させた場合、言動の直接の相手だけでなく、他の職員に対するハラスメントに該当する可能性もあります。

例：職場で他の職員にも聞こえるように性的な発言を繰り返した。

例：職場で暴力的な発言をして、他の職員をおびえさせた。

　ハラスメントの加害者の多くは「自分の行為は違うと思った」とか「そんなつもりはなかった」と言います。妊娠や出産の経験がない者が「マタニティハラスメント」をしてしまうような知識の欠如が原因となる事例のほか、思いやりやコミュニケーションの不足が原因と思われる事例が少なくありません。被害者にも加害者にもならないため、職場でのコミュニケーションの重要性を再認識する必要があります。

　最後に、最近報道されたハラスメントの事案を紹介します。

・課長職の職員が、妊娠した女性職員に対し「妊娠のタイミングが最悪」などと発言した。⇒停職3か月

・課長職の職員が、庁内において繰り返し女性職員のスカートの中を撮影した。⇒免職

・主査級の職員が、同僚が業務を怠けていると誤解してつかみかかり、頚椎捻挫の怪我を負わせた。⇒減給10分の1（1か月）

第 4 章

財政・会計

01 国の会計年度を１月から12月までとする ことが検討されたことがある

予算の内容・原則

> これ
> 大事　歳入予算は、収入の見積りであるが、歳出予算は、支出の見積
> りであると同時に支出の上限額である。

◇ 予算の内容

①歳入予算と歳出予算

　自治体の予算のうち「歳入歳出予算」は、会計年度内の歳入歳出の見積りであり、歳入と歳出の金額は同額です。

　「歳入予算」は、収入の見積りであり、執行機関を拘束するものではありませんが、「歳出予算」は、支出の見積りであると同時に、予算で定める目的・金額の範囲内で金銭の支払いを可能にし、かつ、支出の限度額として執行機関を拘束します。

②その他の予算

　歳入歳出予算のほか、自治法が定める予算としては、「継続費」「繰越明許費」「債務負担行為」（いずれも第４章05参照）「地方債（起債の目的、限度額、起債の方法、利率及び償還の方法を定めるもの）」「一時借入金（支払いのための現金不足に対し、年度内に借入と償還を行う金銭の最高額）」「歳出予算の各項の経費の金額の流用（第４章03参照）」があります（自治法215条）。

◇ 予算の調整権と議会による修正

　予算の調製権は、長に専属していますが（自治法211条１項）、教育に関する予算の作成については、教育委員会の意見を聴く必要があります（地教行法29条）。

　議会は、予算を減額修正することはできますが、増額修正について、長の予算提出権を侵害することはできません（自治法97条２項）。

1962年、自民党の田中角栄政調会長（当時）により、国の会計年度を1月から12月までとする「暦年制」を推進する方針が表明されたが、実現には至っていない。

◇ **予算の原則**

　限りある財政的資源に関し、民主的なコントロールを達成するため、予算には、次のとおり、いくつかの原則が定められています。

①総計予算主義（自治法210条）

　歳入は歳入予算に全額を計上し、歳出もその全額を歳出予算に計上することをいう。ただし、一時借入金の収支や、歳計剰余金（年度で会計で余ったお金）を基金に編入する場合の支出などは、予算に計上する必要はない。

②会計年度独立の原則（自治法208条）

　会計年度を毎年4月1日から翌年3月31日までとした上で、各会計年度の歳出は当該年度の歳入をもってまかない、歳出は当該年度中においてのみ執行できるとすることをいう。繰越明許費による繰越し・事故繰越しや過年度収入・過年度支出などの例外がある。

③単一予算の原則

　議会の審議と住民の理解の上から、予算は見やすく単一のものが望ましいとするもの。特別会計は、この例外に当たる。

④予算統一の原則（自治法216条）

　法令に基づいて、歳入歳出予算の基準が定められることをいう。款・項・目・節の区分や予算書の書式は、地方自治法施行規則（以下、自治則）で定められている。

⑤予算事前議決の原則（自治法211条1項）

　当初予算は、年度開始前に議会の議決を経るべきものとされている。都道府県・政令指定都市は年度開始の30日前までに、それ以外の市町村は年度開始の20日前までに議会への提出が必要。

⑥予算公開の原則（自治法219条2項、243条の3第1項）

　住民に対し予算要領や財政状況を公表すべきことをいう。

競馬や競艇のための特別な予算がある

> **なるほど** 自治体の特別会計には、公営競技（競馬、競輪、オートレース、競艇）の運営のためのものがある。

◈ 一般会計・特別会計・普通会計

「競馬や競輪のための特別な予算」といっても、「ギャンブル専用のお小遣い」ではありません。

特定の収入を特定の事業に使う場合など、一般会計と別に経理する会計を「特別会計」といいます。市町村では、「国民健康保険特別会計」や「介護保険特別会計」が代表的です。特別会計は、法律に基づいて設置されるもののほか、自治体が条例で設置することが可能です。上記に紹介の特別会計としては、北海道地方競馬特別会計や川崎市競輪事業特別会計などがあります。

特別会計に対し、「一般会計」は、福祉、教育、土木、衛生など自治体の基本的な施策を行うための幅広い内容の会計です。

一般会計と用語が類似するものとして「普通会計」があります。普通会計は、自治体間の比較等を可能にするため、国から示された一定の基準に基づく統計のための会計です。

◈ 公営企業会計

「公営企業会計」は、地方公営企業法が適用される公営企業において、その経理について設けられる会計です。公営企業の種類としては、水道事業や病院事業などが該当します。ほかには市営のバスや地下鉄などの交通事業があり、これらの方が「企業」としてのイメージはわきやすいでしょうか。

一般会計など官庁会計が現金主義（現金の出入りによって収支管理を行

う）をとっているのに対し、公営企業会計は、民間企業と同様に発生主義（債権債務の発生により収支管理を行う）などによって処理されます（地方公営企業法20条1項、2項）。

> **なるほど** 長等の改選を間近に控えている場合に編成された新年度の予算は、通常の予算に比べて総額が小さいことがある。

◈ 当初予算と補正予算

　年度当初に作成される「当初予算」に対して、災害、政策変更等の状況の変化により既定の予算に追加や変更を加えるのが「補正予算」です。

　補正予算は、会計ごと、必要に応じて編成されます。国の補正予算の編成は多くても2回ですが、自治体の補正予算は、国の予算の動向や予算の執行状況等に応じて、概ね定例議会ごとに編成されます。

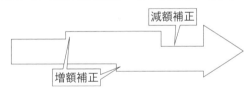

　下の表は、補正予算の例示です。予算の種類によっては必ずしも毎定例会に提案されるものではなく、また、1つの定例会に複数の補正予算が提案されることがあります。

	6月議会	9月議会	12月議会	3月議会
一般会計予算	補正予算（第1号）	補正予算（第2号）	補正予算（第3号）、補正予算（第4号）	補正予算（第5号）
国民健康保険特別会計予算	－	補正予算（第1号）		補正予算（第2号）

上記に紹介の事例は、政策的経費等の支出の判断は民意を反映した改選後において行うことが望ましいと考えられることから、当初はこれを極力抑え、改選後において必要な額を増額しようとする意図によります。

　このような政策的経費等を極力抑え、義務的・経常的経費等を中心に編成された当初の予算を「骨格予算」と呼び、政策的経費等を含めた改選後の補正予算を「肉付け予算」と呼びます。「骨格予算」「肉付け予算」のいずれも、法的な根拠はありません。

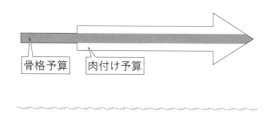

骨格予算　　肉付け予算

> たとえば　東京都狛江市では、平成22年度当初予算が年度開始前に成立せず、新年度に入ってから当初予算案が数度提案された。4度目の提案が可決されたのは、12月6日のこと。

◇ 暫定予算

　年度開始まで本予算が成立しない場合は、本予算の成立までの空白期間をつなぐため「暫定予算」で対処することになります（自治法218条2項）。暫定予算は、本予算が成立すれば、それに吸収されてしまいます。

　東京都久留米市でも、平成24年度予算が新年度の12月末に市長専決（自治法179条1項）により成立するまで、重ねて暫定予算が編成された例があります。

暫定予算

03

公立動物園のキリンは「備品」である

支出科目の種類と経費の分類

> なるほど　公立動物園のキリンの購入に際しては、歳出予算から「備品購入費」として支出される。

◇ 「節」の区分

　歳出予算における「款（かん）」「項（こう）」「目（もく）」「節（せつ）」のうち「節」の区分は、以下のとおり、自治則15条に定められています。

　なお、各区分の前に付された数字は、節に付された番号です。節は、他団体との比較や、全国的な統計資料の作成を行いやすくするため、全自治体で共通とされています。

【「節」の一覧】

1 報酬　2 給料　3 職員手当等　4 共済費　5 災害補償費　6 恩給及び退職年金　7 報償費　8 旅費　9 交際費　10 需用費　11 役務費　12 委託料　13 使用料及び賃借料　14 工事請負費　15 原材料費　16 公有財産購入費　17 備品購入費　18 負担金、補助及び交付金　19 扶助費　20 貸付金　21 補償、補填及び賠償金　22 償還金、利子及び割引料　23 投資及び出資金　24 積立金　25 寄附金　26 公課費　27 繰出金

　上記に紹介の事例のように、公立動物園で、キリン、クマ、アヒルなどを購入する場合の支出科目は、「17 備品購入費」となります。

　動物の購入であっても、その目的に応じて「10 需用費」に該当する場合もあります。賄材料費（給食の食材など）、飼料費（エサなど）、医薬材料費（実験用など）として区分される場合などです。

　なお、節の付番については、それまでの「7 賃金」が2020年4月に削除されたことにより、以降の番号が1つずつ繰り上がった経緯があります。会計管理は、今やどの自治体でもシステム管理ですから、いっそのこと「7」

を欠番にしてくれれば手間がかからない、と全国の自治体で愚痴が聞かれました。

　「節」は、他団体との比較や、全国的な統計資料の作成を行いやすくするため、全自治体に共通とされています（自治則15条2項）。逆に言えば、指定された節での支出であれば、それが属する「款」「項」「目」については、厳密に限定されません。

　2008年に米国の投資銀行大手であるリーマン・ブラザーズの倒産を契機としたリーマンショック直後において、国の緊急経済対策として支給が行われた「定額給付金事業（原則として、国民1人当たり1万2000円を支給）」は、自治体によって「総務費」や「商工費」など款の設定に差異がありましたが、「節」については「負担金、補助金及び交付金」に統一されました。

〰〰〰〰〰〰〰〰〰〰〰〰〰〰〰〰〰〰〰〰〰〰〰〰〰〰〰〰

> **たとえば**　「款」による予算区分のうち「民生費」は「生活保護費」「児童福祉費」「老人福祉費」などの印象が強いが、「災害救助費」も、これに含まれる。

◎ 目的別分類と性質別分類

　説明が前後しましたが、歳出予算における「款」「項」「目」「節」のうち、最上位の「款」の区分は、以下のとおりです（自治則15条1項）。

【「款」の一覧】

議会費　総務費　民生費　衛生費　労働費　農林水産業費　商工費　土木費　消防費　警察費　教育費　諸支出金　予備費

　これら「款」の区分を基準とした経費の分類は「目的別分類」と呼ばれ、自治体の行政目的別、言い換えれば各部各課の大まかな予算の比重について知ることができます。

　「款」の次に細分される「目」の内容も自治則15条1項で定められており、

上記に紹介のように、災害救助費は民生費とされています。

　一方、「節」の区分を基準とした経費の分類は「性質別分類」と呼ばれ、経費の使途が具体的にどのようなものであるかを明らかにします。性質別分類の区分は、以下のとおりです。

【性質別分類の区分】

人件費　物件費　維持補修費　扶助費　補助費等　普通建設事業費　災害復旧事業費　失業対策事業費　公債費　積立金　投資及び出資金　貸付金繰出金　前年度繰上充用金

　自治体の財政状況を分析しようとする場合、どちらの分類も重要ですが、将来的な動向等の分析には、目的別分類より性質別分類の方が効果的といえます。

　これらの分析の内容は、それぞれの自治体が定める条例に基づき、住民に向けて公表が行われています（自治法243条の3第1項）。

これ大事　歳出予算における「項」の間の流用はできないこととなっているが、流用に関し予算として議決を経たときは、可能となる。

　予算区分のうち「項」は、「款」とともに「議決科目」であることから、「項」の間の流用を行うことはできません。ただし、流用に関し予算として議決を経たときは、これが可能となります（自治法220条2項）。

　一方、「目」と「節」は議決の対象ではない「執行科目」であることから、原則として、流用に制限はありません。

04 「ふるさと納税」は、
税法上は「寄附金」である
歳入科目の種類と地方交付税

> たとえば
>
> 「ふるさと納税」は、その語感に反して、税法上は「寄附金」に該当する。納税者が、指定する自治体へ寄附を行う一方で、居住する自治体への納税に際し寄附控除を利用する仕組みとなっている。

◈ 歳入科目の種類

自治体の収入は、予算科目の区分を踏まえると、主に次のものから構成されています。

> 地方税　地方譲与税　税交付金　地方特例交付金　地方交付税　交通安全対策特別交付金　分担金及び負担金　使用料及び手数料　国庫支出金　都（道府県）支出金　財産収入　寄附金　繰入金　繰越金　諸収入　地方債

上記のうち、「地方税」は、自治体の歳入のうちで最も基本的なものであり、税収の多寡は、行政活動の自主性・安定性の確保についての尺度となります。

「分担金及び負担金」は、自治体が実施する特定の事業について、その利益を受けるものから徴収するものです。

「使用料」は、公の施設の利用や行政財産の目的外使用に対する対価として徴収するものなどで、「手数料」は、自治体の事務で特定の者のためにする対価として徴収するものです。

「財産収入」は、自治体が有する財産について、貸付けや売払いによって生じる収入をいいます。

「寄附金」は、住民などから無償譲渡される現金です。冒頭に紹介の「ふるさと納税」は、これに該当します。

これらのような、自治体が自主的に収入できる財源を「自主財源」とい

います。一方、国や都道府県の意思により交付されるなど自治体の裁量が制限されている財源を「依存財源」いいます。

依存財源のうち大きな割合を占めるのが、「地方交付税」「国庫支出金」「都（道府県）支出金」「地方債」です。

「国庫支出金」は、国が特定の行政目的を達成するため、法令に基づいて経費の全部または一部を負担するもので、その種類としては、「委託金（国が自らの責任として全額負担）」「国庫負担金（国と地方の責任の割合に基づく「割り勘」として国が一部負担）」「国庫補助金（国が特定の施策を奨励助長することを目的としたり、一定の財政援助をすることを目的として交付）」があります。「都（道府県）支出金」も同様に、「委託金」「都（道府県）負担金」「都（道府県）補助金」の３種類があります。

「地方債」は、単に不足額の借金ではなく、長期にわたって公共サービスが提供される道路や橋などの建設費に関し、その耐用年数を考慮して世代間に負担を割り振る意図もあります。未償還の総額に興味が寄せられることも少なくありませんが、その種類によっては普通交付税の措置対象となるものもあり、現時点における未償還の総額が将来の償還に支障を及ぼすかまでは単純に判断できません。

プロ野球球団「東北楽天ゴールデンイーグルス」の本拠地である宮城野原公園宮城球場は、命名権（ネーミングライツ）の売却により「楽天モバイルパーク宮城」と呼称されている。

◎ **自主財源確保の試み**

歳入のうち自主財源の増加が望ましいことは言うまでもありません。自主財源の確保のため、余剰不動産の活用など積極的な試みが、各地の自治体で行われています。

上記に紹介した事例のような命名権（ネーミングライツ）の利用も多く

の自治体で見ることができます。宮城球場の名称は、2005年の「フルキャストスタジアム宮城」以降、これまでほぼ3年ごとに変わってきた経緯があり、現在の名称は7つ目です（2023年4月現在）。

〰〰〰〰〰〰〰〰〰〰〰〰〰〰〰〰〰〰〰〰〰〰〰〰〰

これ大事 地方交付税は、国から自治体への「仕送り」ではない。

◈ 地方交付税の種類と内容

「地方交付税は、国税5税の一定割合が地方団体に法律上当然帰属するという意味において、地方固有財源であると考えます」。これは、小泉総理大臣（当時）の国会答弁です（平成17年2月15日衆議院本会議）。地方交付税は、国税として国が代わって徴収し、一定の合理的な基準によって再配分する、いわば「国が地方に代わって徴収する地方税」とされています。

地方交付税の財源として、地方交付税法6条は、国税のうち一定割合（所得税33.1％、法人税33.1％、酒税50％、消費税19.5％、地方法人税100％）を定めています。

地方交付税の種類には、「普通交付税（全体の94％）」と「特別交付税（全体の6％）」があります。地方交付税が果たすべき機能として求められているのは、次の2点です。

・財政調整機能：財源が豊かで財政力のある自治体と財政力が弱い自治体
　　との財源調整（水平的財政調整）
・財源保障機能：すべての自治体が一定水準の行政サービスを提供するこ
　　とができるよう、自治体ごとの財源保障（垂直的財政調整）

普通交付税は、一定の基準により見込んだ自治体の需要の額（「基準財政需要額」といいます）に対し、一定の基準に基づいて算定した自治体の収入の額（「基準財政収入額」といいます）との差額を埋めるものです。

基準財政需要額	
基準財政収支額	普通交付税

出典：塩浜克也『月別解説で要所をおさえる！　原課職員のための自治体財務』（第一法規）

　基準財政需要額の算出は、次のように行われます。

　各行政項目（消防費、土木費、教育費など）の財政需要（必要な行政費用）について、測定単位（人口、道路の延長、児童・生徒数など）ごとに一定の費用（「単位費用」といいます）が定められており、各自治体の実情を踏まえて計算が行われます。これを「個別算定経費」といいます。

　一方、自治体ごとの人口と面積から単純に計算される費用もあり、これを「包括算定経費」といいます。

　ほとんどの自治体では、支出に見合うだけの歳入がないことから、多かれ少なかれ地方交付税が収入の一端を担っている現状があります。

　これに対し、特別交付税は、普通交付税ではカバーされない災害などの特別な需要に対して交付されます。

◈ 臨時財政対策債

　普通交付税について、国がその財源のすべてを用意することは難しい状況があることから、不足する金額を自治体の地方債で対処する仕組みが「臨時財政対策債」です。臨時財政対策債は、2001年度に3年間の臨時的措置として開始されましたが、その後も延長されている現状があります。

　その元利償還金相当額については、原則として、全額が後年度の地方交付税の基準財政需要額に算入されることとなっています。

05 年度末の道路工事は予算の「使いきり」ではない

継続費・債務負担行為・長期継続契約

> **これ大事** 「継続費」は「複数年度予算」であり、「債務負担行為」は後年度の支出について議会に承認を受ける「支払手形」といえる。

> **これ大事** 「長期継続契約」は、債務負担行為と異なり、後年度の支出について議会に承認を受けていることから、対象となる予算が後年度以降に認められなかった場合は、契約が解消になることがある。

◇ 複数年度契約にわたる契約の根拠

①継続費

　自治体の契約は年度内に期間が終了することが原則ですが、完成までに数年かかる工事のように、支出が数年度に及ぶ事業の契約が必要な場合もあります。そのような場合に対処するための例外的な予算が「継続費」です。

　継続費とは、履行に数年を要する事業について、予算の定めるところにより、その経費の総額と年割額を定め、数年度にわたって支出することができる制度です（自治法212条）。

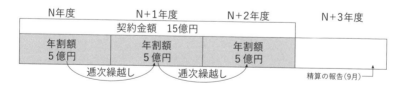

②債務負担行為

　「債務負担行為」も、継続費と同様に、複数年度にわたる事業の実施を可能にします。債務負担行為として予算に定められるのは、その対象となる事項、期間、限度額です。ただし、継続費が支出の権限まで付与される

のに対し、債務負担行為は、契約の締結など単に債務を負担する権限を付与されるにすぎないことから、債務負担行為に基づく支出を行うためには、それぞれの年度に歳出予算の計上を行う必要があります。

債務負担行為の対象には、継続費と異なり、土地開発公社などが金融機関から融資を受ける際の損失補償のように、支出が確実ではない場合も含まれます。

契約金額　6000万円	
N年度予算額 2000万円	N＋1〜N＋2年度 債務負担行為限度額 4000万円

③長期継続契約

「長期継続契約」は、自治法に基づく一定の対象について、数年度にわたる契約を可能にする制度です（自治法234条の3）。継続費や債務負担行為のように「予算」ではないことから、他の理由がない限り、議決の対象にはなりません。

長期継続契約が可能な対象は、以下に限定されています（同条）。

① 電気、ガス、水の供給

② 電気通信役務の提供

③ 不動産の借受け

④ 翌年度以降にわたり物品の借入れ・役務の提供を受ける契約で、条例で定める一定のもの（OA機器の借入れや庁舎管理業務委託など）

なるほど 年度末の道路工事は、役所の予算の「使いきり」ではない。

◎ 予算の繰越し

「年度末に道路工事が増えるのは、役所が予算の『使い切り』を行うため」。

そんな都市伝説を聞いたことがある方もいるのでは。

　自治体の支出は年度内に行われなければいけないのは事実ですが、予算を使い切ろうとギリギリに発注しても、年度末に完了しなければ「会計年度独立の原則」（自治法208条）に反してしまいます。

　年度末に工事が多いように感じるのは、道路工事などの公共工事は、新年度に入ってから入札契約等の手続を行うことが一般的であることから、年度初めは工事が減る一方で、年度末に工期末が集中する状況によるものでしょうか。

　会計年度独立の原則には例外があり、年度をまたいで支出を可能にする予算上の措置として、継続費における「逓次繰越し」のほか、「繰越明許費」と「事故繰越し」があります。

①逓次繰越し

　88ページの継続費に関する図を見てください。

　逓次繰越しとは、継続費の年割額に残額が生じた場合、継続費の最終年度まで繰り越して使用することができる制度です（自治令145条1項）。

②繰越明許費

　繰越明許費とは、歳出予算に計上した経費のうち、その性質や予算成立後の事由により年度内に支出が終わらない見込みがあるものについて、予算として定めることにより、翌年度に繰り越して使用することができる制度です（自治法213条）。

　結果として事業は複数年度にわたりますが、当初の予算設定は単年度であり、また、翌年度までの繰越しにとどまる点で、継続費とは異なります。対象となるのは、「道路や公共施設を建設するための予算を準備したが、用地買収が難航した」などの場合です。

③事故繰越し

　事故繰越しとは、年度内に契約などにより支出負担行為をしたものの、

避け難い事故のために年度内に支出を終わらなかった予算を翌年度に繰り越して使用することをいいます（自治法220条 3 項）。したがって、未契約の事業費を事故繰越しにすることはできません。

　対象となるのは、「工期が事業年度終了間際までで、天災等を原因として工事が完了しない」などの場合です。避け難い事故を原因とするものなので、議会の議決の対象にはなりません（というか、そのような時間的猶予がありません）。

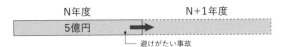

　「議決の対象となる予算」「複数年度にわたる契約の根拠」「予算の繰越し」の関係を図でまとめると、次のようになります。

【複数年度契約のための予算措置と予算の繰越し】

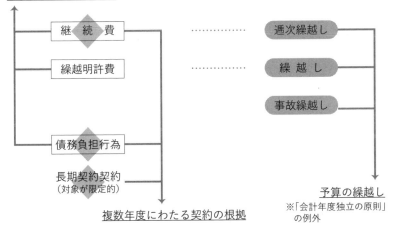

出典：「継続費・逓次繰越し」「債務負担行為」の図は、定野司『一番やさしい自治体予算の本』（学陽書房）に掲載の図を加工。
　　　「繰越明許費」「事故繰越し」「複数年度契約のための予算措置と予算の繰越し」の図は塩浜克也『月別解説で要所をおさえる! 原課職員のための自治体財務』（第一法規）に掲載の図を加工。

06 マイナス価格での入札が 行われたことがある

> **たとえば** 2018年12月、埼玉県深谷市では、廃校となった小学校の体育館と敷地を売却するため一般競争入札を実施した。この入札は予定価格をマイナスに設定（マイナス1340万6000円）したことで注目を集め、結果として、マイナス795万円で落札された。

◈ 一般競争入札と指名競争入札

　自治体が締結する売買、貸借、請負その他の契約は、①一般競争入札、②指名競争入札、③随意契約、④せり売りの方法により締結するものとされています(自治法234条1項)。これらのうち一般競争入札が原則とされ、その他のものは、政令で認める場合に限って認められています(同条2項)。

　「一般競争入札」とは、契約の相手方となる者の選定のための手続に不特定多数の者の参加を認め、その自治体に最も有利な価格で申込みをした者と契約を締結する方法です（自治法234条3項本文）。

　「指名競争入札」とは、あらかじめ契約の履行能力等に信用のおける資格を定め、その資格を有する者のうちから、適当であると認める特定の者を指名した上で、入札の方法により決定した相手方と契約を締結する方法です（自治令167条の5第1項、167条の11第2項）。

　指名競争入札によることができるのは、契約の性質・目的が一般競争入札に適さない場合や、入札参加者が少数である場合等です(自治令167条)。

　上記に紹介の事例は、建物の解体費用が土地の評価額を上回ったことに起因します。なお、契約の形態は、通常の入札（プラスの価格提示）の場合は「売買契約」ですが、事例のような「マイナス入札（マイナスの価格提示）」の場合は「負担金給付付き無償譲渡契約」となります。形式的には財産の無償譲渡ですから、議会の議決が必要です。

◇ 随意契約

「随意契約」とは、競争の方式である入札を行わず、適当と認める相手を選定して契約を締結する方法です。

随意契約によることができるのは、契約の種類に応じ自治令で定める額の範囲内において自治体の規則で定める額を超えない契約をする場合や、契約の性質・目的が競争入札に適しない場合等です。また、障害者支援施設やシルバー人材センターなどの一定の者とは、随意契約が可能です（自治令167条の2）。

ここまでで説明した契約方式のメリットとデメリットは、以下のとおりです。

	メリット	デメリット
一般競争入札	契約の機会均等、公正性の点で優れている。	手続が煩雑で、事業者によっては契約が確実に履行されないおそれがある。
指名競争入札	対象者をあらかじめ限定していることから、契約履行の確実性は高まる。	契約の相手方が固定されがちで、談合等の不正が生じやすい。
随意契約	手続が簡単で、信用できる相手方を選ぶことができる。	公正さの点で問題が生じやすい。

出典：塩浜克也・米津孝成『疑問をほどいて失敗をなくす 公務員の仕事の授業』（学陽書房）

なるほど 自治体が行う「インターネット・オークション」は、せり売り形式ではなく入札形式の場合が多い。

◇ せり売り

「せり売り」とは、買受人が口頭による価格の競争を行う方法です。市場などで、「5万円！」「10万円！」など威勢の良い声が飛び交う様子をイ

メージされる方も多いでしょう。

　自治体のせり売りは、動産の売払いでその契約の性質がこれに適しているものについて実施が可能です（自治令167条の3）。売払いに際して、希望者からの価格の提示は、入札では一度のみ可能ですが、せり売りでは期間中であれば何回でも可能です。

　オークションと聞くと、映画で見るような、着飾った男女が美術品や宝飾品の値段を吊り上げていく様子を思い浮かべるかもしれませんが、自治体が行うインターネット・オークションは、ほとんどの場合、せり売り形式でなく入札形式です。参加者による価格の提示は1回きりですので、映画のような緊迫した場面はありません。

> **これ大事** 入札で最低の価格で申込みをしても、落札者とされない場合がある。

◈ 最低の額でも落札できない？

　予定価格の制限の範囲内で最低の価格をもって申込みをした者の価格によっては、当該契約の内容に適合した履行がされないおそれがあると認めるとき、またはその者と契約を締結することが公正な取引の秩序を乱すこととなるおそれがあって著しく不適当であると認めるときは、その者を落札者とせず、次順位の者を落札者とすることができます（自治令167条の10第1項、167条の13）。

　また、工事や製造その他についての請負の契約を締結しようとする場合、当該契約の内容に適合した履行を確保するため特に必要があると認めるときは、あらかじめ「最低制限価格」を設けて、その価格以上の価格をもって申込みをした者のうち最低の価格で申込みをした者を落札者とすることができます（自治令167条の10第2項、167条の13）。

94

07　自治体の契約書には押印が必須

契約の手続

これ大事　自治体が作成する契約書では、押印の省略はできない。

◈ 契約の締結

　2020年、新型コロナウイルス感染症対策を契機として、内閣府の呼びかけにより、官公庁等における押印の取扱いについて見直しが行われました。自治体においても、取引の実態を踏まえ、押印が省略できる範囲をそれぞれ定めています。

　ただし、自治体が契約について契約書を作成する場合は、長が契約の相手方とともに契約書に記名押印しなければ契約は確定しないものとされていることから（自治法234条5項）、押印の省略はできません。

　なお、自治体における契約の締結は、長からの委任がない限り、教育委員会など他の執行機関は行うことはできませんが、独自に予算の執行権を有する公営企業管理者は、自らの権限でこれを行うことができます。

これ大事　4月1日が閉庁日（日曜日など）だからといって、同月2日以降に締結した契約で、履行期間を「4月1日から翌年3月31日まで」とすることは適当ではない。

◈ 4月1日が閉庁日の場合の契約

　予算の執行はその年度に入ってからでなくてはできませんから、前年度の3月中に契約の締結を行うことはできません。それでは、年度の開始である4月1日が日曜日など閉庁日である場合の契約は、どのように行えば良いでしょうか。

契約に基づく債権債務は契約の締結によって成立するものですから、4月2日以降の日付で記名押印する契約において、既に供与を受けてしまったサービスを合理化するため、契約期間の始期を4月1日に遡って定めることは適当ではありません。まずは、サービスの供与が契約日以降で対処できないかについて検討すべきです。

　サービスの供与が4月1日から必要である場合は、日曜日だからといって自治体の行為能力がなくなるわけではありませんから、閉庁日であっても、担当職員が出勤して契約に対処せざるを得ないと考えられます。

◈ 「ゼロ債務」を活用した前年度中の入札

　上記の例に限らず、事業によっては、新年度が開始するまでに入札によって事業者を確定し、契約の締結を行いたいという事例は少なくありません。

　予算の根拠がなければ前年度中に入札を行うことはできませんが（入札の実施は「予算の執行」とみなされる）、これに対処する方法として、「ゼロ債務」の活用があります。ゼロ債務とは、設定年度に支出がない債務負担行為の通称です（債務負担行為については、第4章05参照）。

　事業の履行期間は新年度（N＋1年度）の4月からであり前年度（N年度）中は支出がありませんから、「N年度：0円、N＋1年度：100万円」のような債務負担行為を設定することにより、入札の実施と契約の締結が前年度（N年度）中に可能になるわけです。

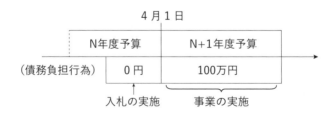

　なお、国土交通省などでは、予算の成立を停止条件として、前年度中に入札を行う例もあります。

08 財政難の自治体に対し、安易に「第二の夕張市」とはいえない

決算と出納整理期間

> **これ大事** 決算の内容に議会の認定がなくても、自治体の収支の事実についての効力に影響はない。

◎ 決算

　「決算」とは、一会計年度の歳入歳出予算の執行の結果の実績を表示した計算表のことをいい、会計管理者によって調製されます。

　会計管理者から提出された決算は、長によって監査委員の審査に付されます（自治法233条２項）。その審査の主眼は、①計算に間違いはないか、②支出命令等に符合しているか、③収支は適法であるか等にあります。

　長は、監査委員の審査に付した決算に、監査委員の合議による意見を付けて、次の通常予算を審議する会議までに議会の認定に付さなければいけません（自治法233条３項、４項）。議会の認定に際しては、先の監査委員による審査を踏まえて、さらに十分な審理が尽くされます。冒頭に掲載のとおり、決算は事後的財政報告であることから、議会の認定がなくても、収支の事実についてその効力が失われるものではありません。

　ただし、長は、決算の認定に関する議決が否決された場合、その議決を踏まえて「必要と認める措置」を講じたときは、その内容を議会に報告するとともに、これを公表しなければいけません（自治法233条７項）。「必要と認める措置」の事例としては、不認定の原因が個別の不適正な事務処理である場合、再度の発生を防ぐための業務の改善や職員研修の実施などがあります。

　なお、議会の認定は、項目を分けて一部分を認定・不認定とすることはできないものと解されています。

北海道夕張市の「破たん」は、出納整理期間において「赤字の繰り延べ」を重ねたことが原因である。

◇ 出納整理期間

　自治体の会計は4月1日から翌年の3月31日までですが、年度末ぎりぎりに収支が発生したものまで年度内に会計手続を完了することは、ほぼ不可能です。このため、歳入歳出の対象となる会計年度の終了（3月31日）後、5月31日まで「出納整理期間」が置かれています。読者の中にも、前年度の伝票整理に追われた経験をお持ちの方は多いでしょう。

　炭鉱から観光へ「まちおこし」の成功例として一時は注目を浴びた夕張市が危機的状況に至るまで、その財政状況を見えにくくしたのが、出納整理期間を利用した、同市で「ジャンプ方式」と密かに呼ばれた手法でした。

　例えば、①ある年度（N年度）の特別会計の決算で1億円の資金不足が生じたとします。②赤字決算を避けるため、同じ年度（N年度）の一般会計から特別会計に1億円の貸付けを行います（一般会計に資金不足が生じるので、決算に影響が見えない「一時借入金」として、金融機関から1億円を調達する）。③一般会計は、特別会計に貸し付けた1億円が年度内に返済されなければ、決算で赤字になってしまいますから、その年度（N年度）の出納整理期間中に、翌年度（N＋1年度）の特別会計から償還を行うのです（一般会計の一時借入金は、特別会計からの償還によって穴埋めする）。

　こうすれば、N年度決算の一般会計・特別会計に、見かけ上の赤字は生じません。とはいっても、N＋1年度の特別会計に「ジャンプ」した資金不足は埋めようがありませんし、同じことを繰り返せば、見えない債務はどんどん大きくなってしまいます。

　夕張市の財政的な行き詰まりは、このような「粉飾決算」まがいの会計処理に負うところが少なくありません。財政難の自治体を安易に「第2の夕張市」といえないのは、そんなところに理由があります。

【夕張市の財務処理手法のイメージ図（資金の流れ）】

※○○会計の資金不足が毎年 1 億円発生すると想定した場合

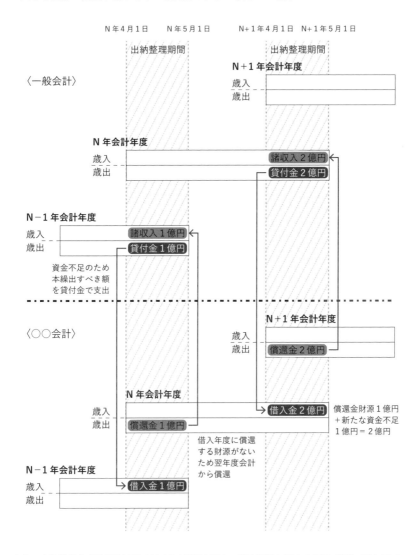

出典：北海道総合政策部地域行政局市町村課「夕張市の財政運営に関する調査」掲載の図を加工

09 その所在地が「無番地」の市役所がある

財産の種類と管理

> 千葉県四街道市役所の所在地は、同市鹿渡無番地である。これは、法律上、自治体の所有する土地・建物が未登記のままであることが許容されていたことによる名残り。

◈ 財産の種類

自治法において自治体の「財産」とは、①公有財産、②物品、③債権、④基金をいいます（自治法237条1項）。なお、ここで現金（歳計現金）が除かれているのは、現金は、自治法の別の規定に基づいて管理されていることによります（自治法235条〜235条の5）。

自治体の「財産」	①公有財産（不動産、有価証券など）
	②物品（備品、消耗品など）
	③債権
	④基金

出典：塩浜克也『月別解説で要所をおさえる！ 原課職員のための自治体財務』（第一法規）

上記のうち①公有財産の内訳は、次の表のとおりです。ただし、基金に属するものを除きます（自治法238条1項）。ここで「基金に属するもの」が対象外であるのは、例えば、不動産は土地開発基金に属するものがあるからです。

なお、冒頭に紹介の事例は、不動産登記法附則9条に基づく経過措置によるものです。現在では、同市役所の位置する土地は登記上の処理がなされていますが、条例に定める市役所の位置が「無番地」であることから、引き続き対外的にはその旨の表記を行っているそうです。

無番地を所在地とする例としては、他に東京都青ヶ島村役場があります。

公有財産	① 不動産 ② 船舶・浮標・浮桟橋・浮ドックや航空機 ③ ①・②に掲げる不動産及び動産の従物 ④ 地上権、地役権、鉱業権その他これらに準ずる権利 ⑤ 特許権、著作権、商標権、実用新案権その他これらに準ずる権利 ⑥ 株式、社債（特別の法律により設立された法人の発行する債券に表示されるべき権利を含み、短期社債等を除く）、地方債・国債その他これらに準ずる権利 ⑦ 出資による権利 ⑧ 財産の信託の受益権	行政財産	公用財産 （庁舎、議事堂など）
			公共用財産 （道路、学校、公園など）
		普通財産	行政財産以外の一切の財産

出典：塩浜克也『月別解説で要所をおさえる！　原課職員のための自治体財務』（第一法規）

　上記の表のとおり、公有財産は「行政財産」と「普通財産」に分かれ（第４章10参照）、また、行政財産は「公用財産」と「公共用財産」に分かれます。公用財産とは、自治体が直接使用するものをいい、公共用財産とは、住民が利用するものをいいます。

〰〰〰〰〰〰〰〰〰〰〰〰〰〰〰〰〰〰〰〰〰〰〰〰

 議会の本会議場を他の団体の会議のために貸し出す場合、その許可を行うのは、形式上、議長ではなく長である。

◈ 財産の管理

　本会議場は公有財産であり、自治法149条６号に基づき、その管理は長の権限に属します（行実昭和37年３月27日）。

　事例の具体的な手順ですが、長は、本会議場を他の団体に使用させても本会議本来の用途または目的を妨げることにならないかを判断することが必要です。本会議場は市議会がその会議のために本来使用するものであることを踏まえ、議長と協議し、支障がないことを確認した上で、目的外使用の許可を与えることになります。

なお、学校等の教育機関の用に供する財産の管理は、長ではなく教育委員会の権限に属します（地教行法28条1項）。学校施設の目的外使用の許可は、教育委員会が行うことになります。他の執行機関である委員会・委員やその補助機関等も、長の権限の一部が委任されることにより（自治法180条の2）公有財産の取得・管理の権限を有する場合があります。

> **なるほど** 基金として維持される土地の評価額の増減は、基金の管理に反映されない。

◈ 基金の種類

　自治体は、条例の定めるところにより、以下の基金を設けることができます（自治法241条1項）。

> ・特定目的基金：特定の目的のために財産を維持し、資金を積み立てるための基金
> ・定額運用基金：特定の目的のために定額の資金を運用するための基金

　特定目的基金のうち、「財産を維持する」ための基金としては、学校建設資金を調達するために維持する山林などがあり、「資金を積み立てる」ための基金としては、財政調整基金や減債基金などがあります。また、これら2つの性格を併せ持つ基金もあります。

　定額運用基金は、一定の原資金を予算から繰り出して基金を設け、その資金を回転させることにより特定の事務や事業を実施する基金です。土地開発基金などがあります。

　基金の運用から生じる収益や基金の管理に要する経費は、歳入歳出予算に計上しなければいけません（自治法241条4項）。ただし、基金として維持される土地の評価額が高くなっても、ここでいう「収益」には含まれないと解されています。

10　道路用地でも他者に時効取得されることがある

行政財産と普通財産

>
> 他人の物を一定期間所定の要件を満たす占有をした者がそのものの所有権を取得する「時効取得」（民法162条1項）は、道路用地等の行政財産においても認められる場合がある。

◈ 行政財産と普通財産

　自治体の公有財産は、「行政財産」と「普通財産」で構成されます。

　行政財産とは、自治体において公用または公共用に供し、または供することが決定された財産です（自治法238条4項）。ここで「公用に供する財産」とは、自治体がその事務・事業を執行するため直接使用するもの（庁舎・議事堂など）であり、「公共用に供する財産」とは、住民の一般的な利用に供することを目的とするもの（道路、学校、公園など）です。

　一方、普通財産とは、行政財産以外の一切の財産をいいます（自治法238条4項）。道路や学校の用に供していた財産がその利用目的を終了した場合は、行政財産としての用途を廃止し、普通財産として管理財産することになります。自治体本来の「しごと」に使われなくなったので、必要に応じて、売却等が検討されます。

　「時効取得」とは、占有者が所有の意思をもって平穏かつ公然と他人の物を占有した者がその所有権を取得するという制度です。占有の開始時に、善意（他人の所有地であることを知らない）かつ無過失（知らないことに過失がない）の場合は10年間、そうでない場合は20年間、それぞれ占有を継続する必要があります。

　道路用地は、道路という目的のために利用されている公共用財産ですから、本来は時効取得の対象にはなり得ません。しかしながら、占有者がその土地の占有を開始するまでに、現場が荒れ果てて道路の形状をとどめていないなど、周囲の事情から総合的に判断してその用途が廃止されている

と判断される場合は、「黙示の公用廃止」があったものとして、相手方の時効取得が認められる可能性があります。

　そのようなことが起こることがないよう、行政財産には適正な管理が必要であることは、言うまでもありません。

新潟県南魚沼市では、合併により遊休化した旧塩沢町の議場が宅配事業者のコールセンターとして活用されており、新たな雇用創出にもつながっている。

◈ 目的外使用と貸付け

　行政財産は、原則として、貸付け、交換、売払い、譲与、出資の目的とすること、信託、私権の設定ができません（自治法238条の４第１項）。これに違反する行為は、無効とされています（同条６項）。

　これに対し、普通財産は、一般私法（民法など）の適用の下で、貸付け、交換、売払い、譲与、出資の目的とすること、信託、私権の設定が可能です（自治法238条の５第１項、２項）。

　ただし、行政財産は、その用途・目的を妨げない限度での使用を許可することができます（自治法238条の４第７項）。「目的外使用許可」は、行政上の許可処分として行われ、民間の賃貸契約のように借地借家法の適用はありません（同条８項）。

　また、庁舎の空いたスペースなど一定のものについては、貸付けや私権を設定することができます。（自治法238条の４第２項）。上記に紹介の例は、これによるものです（https://www.jiam.jp/case/doc/0126_1.pdf）。

　行政財産の目的外使用許可と貸付けについて、どちらの適用がふさわしいかは事案ごとに判断する必要があります。１～２年程度の短期で暫定的に使用させるならば目的外使用許可が適し、それ以上の期間において使用を認めることが可能ならば行政財産の貸付けが適するものとされています。

第 5 章

自治体と法

01 法律に違反するとして無効となった条例がある

法律と条例との関係

> 法律自ら、法律の規制で効果が上がらないときには、自治体の判断により条例でより厳しい規制を設けることを認めている例がある。
>
> ○ 大気汚染防止法第4条第1項
>
> 都道府県は、当該都道府県の区域のうちに、その自然的、社会的条件から判断して、ばいじん又は有害物質に係る前条第1項又は第3項の排出基準によつては、人の健康を保護し、又は生活環境を保全することが十分でないと認められる区域があるときは、その区域におけるばい煙発生施設において発生するこれらの物質について、政令で定めるところにより、条例で、同条第1項の排出基準にかえて適用すべき同項の排出基準で定める許容限度よりきびしい許容限度を定める排出基準を定めることができる。

◇ 条例制定権の範囲

　自治体の条例制定権は、憲法94条「法律の範囲内で条例を制定することができる」との規定と、自治法14条1項「法令に違反しない限りにおいて第2条第2項の事務（筆者注：地域の事務等）に関し、条例を制定することができる」との規定にその根拠があります。

　一般的にこれらの規定の趣旨から、条例制定権には、①自治事務に関するものであることと、②法律に反するものでないことの2つの限界があると解されています。

◈ 自治事務に関するものであること

　自治事務に関するものであることの限界については、これまで主に、①条例による財産権の制限の可否（憲法29条2項）と、②条例により罰則を科すことの可否（憲法31条、73条6号ただし書）、③条例による税の賦課徴収の可否（憲法84条）の3点が問題になりました。

　③との関係で問題となった事案として、次のものがあります。原告は、条例による国民健康保険料の算定基準が不明確であって、租税法律主義について定めた憲法84条に違反すると主張しました。

> 市町村が行う国民健康保険の保険料については、これに憲法84条の規定が直接に適用されることはないが、同条の趣旨が及ぶと解すべきであるところ、国民健康保険法81条の委任に基づき
>
> **たとえば**
>
> 条例において賦課要件がどの程度明確に定められるべきかは、賦課徴収の強制の度合いのほか、社会保険としての国民健康保険の目的、特質等をも総合考慮して判断する必要がある。
>
> （最高裁平成18年3月1日判決より抜粋）

　最高裁は、国民健康保険料に憲法84条の趣旨が及ぶとした上で、結論として、本件の条例は租税法律主義には反しないと判示しました。

◈ 法律に反するものでないこと

　法律に反するものでないことの限界については、まず、リーディングケースとされる徳島市公安条例事件判決（昭和50年9月10日最高裁判決）の要旨を確認しておきましょう。

　本件は、徳島市公安条例の規定により罰則を科されたデモ参加者が、同条例の罰則が当時の道路交通法の罰則よりも重く規定されている（いわゆる上乗せ規制）ことについて、この条例は憲法94条の規定に違反し、違憲無効であると主張して争ったものです。最高裁は、次のように分析した上で、当該条例は同法に反するものではないと判示しました。

条例が国の法令に違反するかどうかは、それぞれの趣旨、目的、内容及び効果を比較し、矛盾抵触があるかどうかによって決しなければならない。

○ 国の法令にこれを規律する明文の規定がない場合

　法令全体から見て、その事項について特に規制することなく放置すべきものとする趣旨と解されるときは、その事項を規制する条例は法令に違反することとなる。

○ 特定事項を規律する国の法令と条例が併存する場合

　・条例が法令と別の目的に基づく規律を意図するものであり、法令の意図する目的と効果を阻害しないとき

　・法令と条例が同一の目的であっても法令が全国一律の規制を施す趣旨ではなく、地方の実情に応じて別の規制を施すことを許容する趣旨であるとき

　これらについては、いずれも条例が法令に違反する問題は生じない。

　冒頭で紹介した大気汚染防止法の規定は、この「法令と条例が同一の目的であっても法令が全国一律の規制を施す趣旨ではなく、地方の実情に応じて別の規制を施すことを許容する趣旨」を明文で定めた例の1つです。同様の規定は、水質汚濁防止法3条、騒音規制法4条など、環境法の分野で多く見られます。これらの規定を受けて、各地で地域の実情に応じた環境分野の条例が規定されています。

　逆に、この限界に触れて違法なのではないかが問題となった例としては、神奈川県臨時特例企業税条例事件があります。

　この条例は、神奈川県における法人事業税の減収といった事情を背景に、県庁に設置された神奈川県地方税制等研究会の「欠損金の一定割合の控除を認めないとすることは、税政策上、行い得ると考えられる」（「法人課税の臨時特例措置に関する報告」）とする報告などを踏まえ、地方税法及び法人税法上課税の対象とならないことが認められている「欠損金」に課税する旨を規定して、2001年8月1日から施行されました。

　この条例により欠損金に課税された大手自動車メーカーが、条例の違法

無効を理由として納付済みの特例企業税相当分の還付等を求めて訴えを提起しました。事件は、一審は条例を無効とし、控訴審は条例を有効とし、また、研究者の見解も大きく割れるなど大いに話題となり、その決着は最高裁判決までもつれ込みました。

> これ大事
>
> 特例企業税を定める本件条例の規定は、地方税法の定める欠損金の繰越控除の適用を一部遮断することをその趣旨、目的とするもので、特例企業税の課税によって各事業年度の所得の金額の計算につき欠損金の繰越控除を実質的に一部排除する効果を生ずる内容のものであり、各事業年度間の所得の金額と欠損金額の平準化を図り法人の税負担をできるだけ均等化して公平な課税を行うという趣旨、目的から欠損金の繰越控除の必要的な適用を定める同法の規定との関係において、その趣旨、目的に反し、その効果を阻害する内容のものであって、法人事業税に関する同法の強行規定と矛盾抵触するものとしてこれに違反し、違法、無効であるというべきである。
>
> （最高裁平成25年3月21日判決より抜粋）

　最高裁は、条例と法の規定を趣旨、目的、内容において比較した上で、条例は法と矛盾抵触するので無効であると判断し、原告の請求を認容しました。この判決を受け、神奈川県は原告に還付金等を支払うとともに、条例の規定により納税した企業に総額約633億円を還付したとのことです。敗訴による影響額の大きさでも話題になった事案でした。

　なお、法令と同じ目的で法令の規制対象外の事項を規制する条例を、一般に「横出し条例」といいます。横出し条例の適法性についても、基本的には徳島市公安条例事件の最高裁判決で示された基準によって判断されています。

02 混浴が禁止される年齢は都道府県で異なる

自治立法権と条例

> 混浴が禁止される年齢は、都道府県ごとに「公衆浴場の設置の場所の配置の基準等に関する条例」（名称は異なる場合がある）で定められており、最近まで山形県では12歳以上、東京都では10歳以上、京都府では7歳以上と地域差があった。

◈ 自治体間の条例の差異

　地域によって子どもの成長度合いがそれほど違うとも思えないので、いささか奇妙な感はありますが、条例に基づく規制の内容が地域ごとに異なることは許容されています。

　現在、売春は法律で禁止されていますが（売春防止法）、それまでは自治体の条例により規制が行われていました。条例の内容の違いにより罰則の差異も生じていたのですが、東京都売春等取締条例への違反に関し、最高裁は、「憲法が各地方公共団体の条例制定権を認める以上、地域によって差別を生ずることは当然に予期されることであるから、かかる差別は憲法みずから容認するところであると解すべきである」と判示しています（最高裁昭和33年10月15日判決）。

　なお、上記に紹介した混浴年齢については、2020年に厚生労働省から自治体に向けて見直しに関する通知が発せられており（令和2年12月10日生食発1210第1号）、それまでの「おおむね10歳以上の男女を混浴させないこと」とされていた制限年齢が「おおむね7歳以上」に改められました。これを契機として、山形県、東京都ともに制限年齢が7歳以上に改められましたが、すべての都道府県での統一には至っていません。

たとえば　手話が言語であることを明確にするとともに、聴覚障害者と聴覚障害者以外の者との共生を目的とする「手話言語条例」は、2013年10月に鳥取県で最初に制定された。その後、制定の動きは全国に広がっている（2023年3月10日現在、469自治体）。

◈ 条例の「先進性」

　自治体の仕事は、国に要請されるものばかりではありません。地域の課題を解決するため独自に行われる事業も少なくなく、その手段として、条例の制定は大きな役割を占めます。

　冒頭の事例における混浴年齢に関する制限は、公衆浴場法により都道府県が条例で定めたものですが（同法2条3項）、法律から直接の要請がなくても、自治体は、憲法が保障する自治立法権に基づき、地域の課題解決のために条例を制定することができます。

○　憲法　第94条
　　地方公共団体は、その財産を管理し、事務を処理し、及び行政を執行する権能を有し、法律の範囲内で条例を制定することができる。
○　自治法　第14条第1項
　　普通地方公共団体は、法令に違反しない限りにおいて第2条第2項の事務（筆者注：地域の事務等）に関し、条例を制定することができる。

　人口減少に伴い、市街地における空き家の適正な管理が問題となっています。老朽化した空き家は、台風等による崩壊など近隣の住宅に被害を与えかねないことが懸念されます。

　埼玉県所沢市で所有者に空き家等の適正な管理を義務付ける条例が制定されたのは、2010年のこと。その後、全国の自治体でも同様の条例の制定が相次ぎ、2014年11月に国において「空家等対策の推進に関する特別措置法」が制定される流れとなりました。

　住民に近い立場として、そのニーズへの対処は、自治体に期待される大きな役割です。条例の制定が、国も含め行政政策の先進性を示す場合があ

ります。

　近年における興味深い条例の例としては、以下のものがあります。

　○　同性パートナーシップ条例（東京都渋谷区）

　　　20歳以上の同性カップルを対象に「パートナーシップ証明」を行うとともに、事業者等に対して同性カップルなどへの配慮を求める条例

　○　ごみ屋敷対策条例（東京都足立区、京都市など）

　　　ごみ屋敷の所有者等に対し、指導や命令を行うとともに、事態を解消するための必要な支援を行う条例

なるほど　「規程」という名の「条例」がある。

　条例は、「○○条例」「××に関する条例」のように、名称の末尾にその法形式を付されるのが一般的ですが、末尾に「規程」と付された条例もあります（東京都市計画事業汐留土地区画整理事業施行規程など）。

　「規程」とは「ルール」という意味であって、法形式ではありません。このような事例の背景には、自治体が土地区画整理事業を行う際は「施行規程」を定めなければいけないものとされ（土地区画整理法52条1項）、施行規程は条例で定めるものとされていることによります（同法53条1項）。なお、法形式の紛れを嫌ってか「高知広域都市計画事業下島土地区画整理事業施行規程に関する条例」のような名称を付す例もあります。

　条例は、名称より、その法的意義（目的や効果）と制定に係るプロセス（政策形成過程から議決を経て公布されるまで）が正当であるかの方が大事であることを改めて思わせてくれる事例です。

　なお、自治体の例規で「職員服務規程」のように「規程」が名称に付されたものは、職務命令である「訓令」として定められているのが一般的です。

「規則」という名称は、国の法令と自治体の例規のいずれにもある

自治体の規則

れ
大事

「介護保険法施行規則」は、国の省令
「介護保険条例施行規則」は、自治体の規則

◇ **法令と例規**

　法律と、これに基づいて定められる命令（政令、府・省令）をまとめて法令と呼びます。「法・令」です。法律は国会で定められますが、府・省令は、法律に基づいて、その詳細な内容等が定められます。

　このような分担を行うのは、法律は制度的な安定を担保する一方で、機動的な対応が難しい側面があるからです。

　自治体の「条例」「規則」は、例規と呼ばれます。もともとは「慣例による規範」の意味があるようですが、条例の「例」と規則の「規」で覚えると良いでしょう。条例は議会の議決が必要ですが、規則は長によって定められます。

　たとえば、介護保険制度を定めるのは、法律である「介護保険法」ですが、「介護保険条例」は、介護保険法に基づいて自治体ごとの介護保険料の額等を定めます。その詳細な内容等は、「介護保険条例施行規則」で定められます。

　「介護保険法施行規則」は、名称に「規則」と付きますが省令です。なお、介護保険法に基づく政令の名称は、「介護保険法施行令」です。このような名称の付け方は、法令では一般的です。

　法律に基づいて長が規則を定める場合、「○○法施行規則」の名称だと省令と紛らわしいので、「○○法施行細則」の名称を付けることがあります。

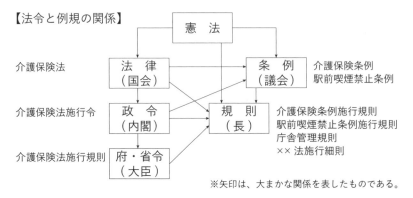

【法令と例規の関係】

憲　法		

介護保険法　　　　法　律（国会）　　　条　例（議会）　介護保険条例
　　　　　　　　　　　　　　　　　　　　　　　　　　　　駅前喫煙禁止条例

介護保険法施行令　政　令（内閣）　　　規　則（長）　介護保険条例施行規則
　　　　　　　　　　　　　　　　　　　　　　　　　　　　駅前喫煙禁止条例施行規則
　　　　　　　　　　　　　　　　　　　　　　　　　　　　庁舎管理規則
介護保険法施行規則　府・省令（大臣）　　　　　　　　　××法施行細則

※矢印は、大まかな関係を表したものである。

出典：塩浜克也・米津孝成『疑問をほどいて失敗をなくす　公務員の仕事の授業』（学陽書房）

> **これ大事**　規則は、法律や条例から直接の要請がなくても定めることができる。

◈ 法令と例規

　規則は、長の権限の範囲内であれば、法律や条例から直接の要請がなくても定めることができます（開庁時間や火気の取扱い等を定める「庁舎管理規則」など）。直接選挙による長が規則を定めることは、自治立法権によるものと解釈されているからです。

　権利・義務に関する事項については、条例によらなければいけないものとされていますが（自治法14条2項）、庁舎内での禁煙を定めることは、長の庁舎管理権の範囲内と解釈されることから、規則で定めることが可能です。

　一方、大勢の人が行きかう駅前での喫煙を禁止しようとする場合は、条例によらなければいけません（図の「駅前喫煙禁止条例」）。禁止となる時間帯や具体的な場所など、その詳細な内容等は、規則で定められます（図の「駅前喫煙禁止条例施行規則」）。

04 公布されなかった条例、
施行されなかった条例がある

条例等の公布と施行

> 「公布」とは、成立した条例や規則を住民に周知すること。
> 「施行」とは、成立した条例や規則の効力を発生させること。
> 条例中に施行日に関する規定がなくとも、その条例は一定の期間を経過した日から施行される。

◇ 公布と施行

　条例の制定に携わったことがない方でも「公布」や「施行」といった言葉は聞いたことがあると思います。両者の意味は上に述べたとおりですが、もう少し両者の具体的な関係について見てみましょう。

　議会において条例の制定改廃が議決されてからの流れは、次のとおりです（自治法16条）。

・条例の制定改廃の議決

・議長は、3日以内に長に送付（1項）

・長は、原則として20日以内に公布（2項）

・条例に施行日の規定がある場合：条例は施行日に施行される。

・その他の場合：公布の日から起算して10日を経過した日から施行される。
（3項）

　長には条例の公布が義務付けられているので、施行の前提として、公布が必ず必要とされていることがわかります。

　また、施行については、条例中に施行に関する規定がある場合とない場合が分けて規定されているので、条例に施行日の規定は必須ではないこと、施行日の規定がなくても施行されることがわかります。

　なお、法律については、「法の適用に関する通則法」の中で同様の規定が置かれており、原則として、公布の日から起算して20日を経過した日か

ら施行し、法律でこれと異なる施行期日を定めたときは、その定めによることとされています（同法2条）。

◈ 公布の方法

　具体的な公布の方法としては、都道府県では公報に掲載することとする例が多く、市町村では庁前の掲示板に掲示する方法によることとする例が多いようです。その一例を見てみましょう。

　○ 広島県公告式条例　第2条第2項

　　条例の公布は、広島県報に登載して行う。但し、天災事変により、広島県報に登載して公布することができないときは、県庁前の掲示場及び公衆の見易い場所に掲示して、これにかえることができる。

　○ 茅ヶ崎市公告式条例　第2条第2項

　　条例の公布は、掲示場に掲示してこれを行う。掲示場の位置及び掲示に関する規定は市長が別にこれを定める。

　最近、ある自治体で、議会で可決された条例が公布されないまま失念されてしまったという事件がありました。公布されなかった条例や規則に基づく行為（この事件では税の徴取等）の効力は、法的には無効と解せざるを得ず、その自治体では事後処理に頭を悩ましているようです。最終的な決着には、まだしばらく時間がかかるでしょう。続報を注視したいところです。

　次に、このように失念されることなく公布された条例に施行日の規定が設けられていれば、条例は必ず施行されるのかについて触れておきます。

「神奈川県知事の在任の期数に関する条例」は、施行日の規定があるにもかかわらず、2007年の公布以降、今日に至るまで施行されていない。

◇ 施行されないままの条例がある

　「神奈川県知事の在任の期数に関する条例」は、知事の４期以上の多選を禁じる趣旨の条例です。

　知事が県議会に提案した条例案には、施行日について、「公布の日に施行する」と規定されていました。しかし、審議の過程で、一部の議員から、長の在任期間の制限に関する条例は法律によって条例での制限を許容する旨の制度が設けられてから施行すべきとして修正案が提出され、施行日の規定が「別に条例で定める日から施行する」（同条例附則）と改められた上で、可決成立しました。

　このとき、県議会では、長の在任期間を条例で制限できるよう自治法等を改正するよう国に求める決議案も可決しましたが、その後、長の在任期間に関する制限を条例に委ねる旨の法整備はされず、この条例も施行されないまま今日に至っています。

05 新聞をスクラップして回覧すると
著作権侵害になる

> **なるほど** 自治体は、著作権の帰属主体（著作権者）となり得る。
> しかし、自治体で成立した条例等は、著作権の目的とはならない。

◈ **著作権とは**

　著作権とは、広い意味では、創作物（著作物）に対する著作者の権利のことをいいます。「創作」とはあまり縁のないイメージの自治体ですが、自治体も法人格を有する以上、著作者として著作権を保持することがあります。

　自治体が著作権者となる場合としては、次のような例があります。

　○ 職員が職務上創作する場合

　　例：自治体のウェブサイトの掲載物、議会中継の映像

　○ 著作権者から著作権（狭義）を譲り受けた場合

　　例：デザイナーが作成したキャラクターのデザイン、自治体が委託した
　　　　写真家により撮影された写真

　自治体の創作物というと、条例や規則が思い浮かぶかもしれません。これらは自治体の著作物ではありますが、著作権の目的とはされていません（著作権法13条1号）。憲法、法律、国や自治体の発出する告示や通達なども同様です。

　これらについては、著作権の目的としてしまうと、その利用に支障が出てしまうおそれがあることから著作権の対象外とされたと解されています。

◈ 著作権の内容

　著作権の内容は、著作権法をはじめとした関係法令に詳細に規定されています。広義の著作権（著作者の権利）はおおむね次のような個別の具体的な権利から構成されると考えられています（著作権法第2章第3節）。

○ 著作者人格権（譲渡することはできない）

　公表権、氏名表示権、同一性保持権

○ 著作権（狭義。財産権の一種で譲渡することができる）

　複製権、上演権及び演奏権、上映権、公衆送信権等、口述権、展示権、頒布権、譲渡権、貸与権、翻訳権、翻案権等、二次的著作物の利用に関する原著作者の権利

　これらの権利のうち、中心的な意義を有するものは複製権です。

　複製権は、文字通り複製（コピー）をする権利をいい、その反射的効果として、第三者が著作物を複製する行為や、著作物の一部を転載するような行為を禁止する効果があります。

> **なるほど**
> 著作権を意味する「コピーライト」の語源である英語の「Copyright」は、Copy（複製）とRight（権利）に由来するといわれている。
> ウェブサイト等で見かける「ⓒ」マークは「Copyright」を意味し、著作者が著作物に著作権を及ぼすために表示するものと理解されているが、日本が加盟している「文学的及び美術的著作物の保護に関するベルヌ条約」により、著作者は、「ⓒ」マークの表示の有無にかかわらず著作権を保持するとされている。

　著作物を自由に使用できる例外は、著作権法に定められています。その一例を紹介します。これらに該当する場合を除き、著作物をなんらかの形で使用すると、著作権を侵害する行為として、使用の差止を求められたり、損害の賠償を求められたりするかもしれません。

○ 私的使用のための複製（30条）

　家庭で個人的に利用するための複製は認められる。ただし、ＣＤ-Ｒなど政令で定めるデジタル方式による録音、録画を行う場合には、著作者に補償金を支払わなくてはならないとされる。

○ 引用（32条）

　正当な目的で自己の著作物において他人の著作物を引用することは認められる。ただし、著作物に転載禁止の表示がある場合は、引用できない。

○ 営利を目的としない上演等（38条）

　公表された著作物を非営利で上演等することができる。ただし、その上映等の出演者に報酬を支払う場合は、認められない。

○ 「行政機関の保有する情報の公開に関する法律」（以下、情報公開法）等における開示のための利用（42条の２）

　情報公開法などの規定により開示が必要な場合に著作物を利用することは、認められる。

◇ 自治体の著作権にまつわるトラブル

　著作権に対する手厚い保護は、取引社会において著作権が有するその重要性を表しています。上に挙げた例外は、そうした著作権の重要性を踏まえた上で著作物の合理的な利用を認めようという趣旨から規定されたものといえます。

　こうした規定の狭間で、自治体が著作権に関するトラブルに巻き込まれたり、著作権者を巻き込んだりすることがあります。いわゆる「ゆるキャラ」の著作権の紛争が訴訟にまで発展したというニュースなどはその一例です。また、そうした大きな事件でなくても、身近なところにも著作権の問題が潜んでいます。２点ほど紹介しておきましょう。

市の広報誌等にいわゆるフリー素材の画像を使用した場合でも、その画像の著作権者から使用料を請求される場合がある。

　インターネット上には、自作の画像を「フリー素材」として提供するサイトがあります。しかし、このようなフリー素材を自治体の広報誌等に使用する場合には注意が必要です。その素材が「私的利用」に限定されるものだとしたら、広報誌への掲載は私的利用の範囲を超えるため、著作権者から使用料を請求される可能性があります。実際に数百万円の使用料を請求された自治体の例も見られます。

　広報誌等でフリー素材を使用する際には、掲載サイトの「利用規約」などのページで利用方法を確認しておきましょう。

自治体で購読している新聞各紙をスクラップして回覧すると、各新聞社の著作権を侵害する可能性がある。

　事例のような行為を「クリッピング」といい、新聞社の著作権を侵害する可能性があるものと解されています。

　庁内でクリッピングをする場合には、新聞各社または新聞各社から委託を受けた公益社団法人日本複製権センターとの間でクリッピング契約を締結する必要があります。クリッピング契約については、新聞各社のほか、新聞著作権協議会のウェブサイトでも案内されているので、一度ご覧になってみてください。

第**6**章

自治体の争訟

自治体の訴訟を長以外が代表する場合がある

> **これ大事** 行政処分の効力を争う訴訟において、被告となるのは自治体であり、自治体を代表するのは、その処分を行った機関である。

◈ 長以外が自治体を代表する？

　自治体で法的なトラブルが発生し、訴訟にまで発展することがあります。そうしたとき、訴訟の当事者（原告または被告）は誰で、当事者を代表するのは誰なのかは、実は一概ではありません。

　行政処分の取消しを求める行政訴訟の場合、上記のとおり自治体が被告となります（行政事件訴訟法11条1項1号）。では、自治体を代表するものについてはどうでしょうか。

　自治法は、「普通地方公共団体の長は、当該普通地方公共団体を統轄し、これを代表する」と規定しています（147条）。ここでいう「代表する」とは、対外的に自治体全体を代表する意味に解されているので、この規定だけ読むと、自治体が被告となる場合に自治体を代表して訴訟の手続を進める役割は、当然に長が担うものと思うかもしれません。

　しかし、自治法をよく読んでみると、次のような規定があります。

第105条の2　普通地方公共団体の議会又は議長の処分又は裁決に係る普通地方公共団体を被告とする訴訟については、<u>議長が当該普通地方公共団体を代表する</u>。

第192条　選挙管理委員会の処分又は裁決に係る普通地方公共団体を被告とする訴訟については、<u>選挙管理委員会が当該普通地方公共団体を代表する</u>。

第199条の3第3項　代表監査委員又は監査委員の処分又は裁決に係る普通地方公共団体を被告とする訴訟については、<u>代表監査委員が当該普通地方公共団体を代表する</u>。

第242条の3第5項　前条第1項第4号本文の規定による訴訟（※筆者注：
　　住民訴訟のいわゆる4号請求訴訟のこと。）について、普通地方公共団体
　　の執行機関又は職員に損害賠償又は不当利得返還の請求を命ずる判決が
　　確定した場合において、当該普通地方公共団体がその長に対し当該損害
　　賠償又は不当利得返還の請求を目的とする訴訟を提起するときは、当該
　　訴訟については、代表監査委員が当該普通地方公共団体を代表する。

※下線、（　）内注は筆者による。

　同様の規定は、教育委員会等に関する地教行法56条、固定資産評価審査
委員会に関する地方税法434条の2、人事委員会または公平委員会に関す
る地公法8条の2にも見られます。
　このように、行政庁の処分について訴訟が提起された場合、被告である
自治体を代表して訴訟を追行する任はその機関が当たり、その機関の職員
が指定代理人となって具体的な事務を担当することになるのです。

◎ **職員等が被告になることも**
　自治体の活動に関係する訴訟において自治体以外が被告となる場合につ
いて、特殊な例を2つ紹介します。

> **たとえば**　住民訴訟の被告となる場合（自治法242条の2第1項1号、3号、4号）

　これらの場合の被告については、「執行機関又は職員」（同項各号）と規
定されています。判例等を調べてみると、実例としては長が被告となる場
合が多く、そのほか、教育委員会の例が散見されます。
　また、これらの規定上、「執行機関」と規定されていることから、その
訴訟が政務活動費や視察の旅費に関するものであったとしても、議会（議

決機関）が住民訴訟の被告となることはありません。

 職員等が公務外で行った行為に関する訴訟

公務外の行為に関する訴訟で自治体や長が被告にならないのは当然と言えば当然のことです。本書では、参考までに、市長が議員を侮辱した件で、自治体と私人である「市長であった者」が賠償責任を負った事例を紹介しています（第7章07参照）。

02 自治体と国とで対応する訴訟がある

法務大臣権限法

これ大事　自治体が処理することとされている事務に関して提起された訴訟であっても、自治体だけで対応できないものがある。

◈ **自治体で処理する事務**

　自治体が処理する事務は、自治事務と法定受託事務に分かれます。

　自治事務は、法定受託事務以外の事務をいいます（自治法 2 条 8 項）。また、法定受託事務は、自治体が処理する事務のうち、国が本来果たすべき役割に係る事務であって、国においてその適正な処理を特に確保する必要があるもの（第 1 号法定受託事務）と、都道府県が本来果たすべき役割に係る事務であって、都道府県においてその適正な処理を特に確保する必要があるもの（第 2 号法定受託事務）の 2 つに分かれます（同条 9 項）。

　第 1 号法定受託事務の例としては、知事・国政選挙、生活保護、戸籍等に関する事務、第 2 号法定受託事務の例としては、都道府県議会議員選挙が挙げられます。

◈ **法務大臣権限法**

　法定受託事務について、例えば、生活保護の受給者が生活保護の保護費の支給額に不服があるなどとして審査請求や行政訴訟（処分の取消訴訟など）を提起することがあります。

たとえば　2013年と2014年に改定された生活保護法による保護の基準に基づき扶助額を決定された生活保護受給者が、当該決定処分の取消し等を求めて訴訟を提起した。
この訴訟では、当該決定処分を行った実施機関である各自治体と共に国が被告とされている。

この事件については、同様の訴訟が全国で提起され、その一部は地裁で自治体側が敗訴したことから、新聞等で大きく報道されました。

　こうした訴訟は、自治体で処理する事務に関する訴訟であり、また、実際に訴訟の原因である決定処分を行ったのも自治体であることから、自治体だけで対応すれば十分なようにも思えます。

　しかし、これらの訴訟を自治体だけで対応し、国の制度設計に関する部分を含めて敗訴してしまったとしたら、国の関与しないところで国の行政目的に大きな影響を生じさせてしまうことになりかねません。

　そこで、そうした事態を回避するため、「国の利害に関係のある訴訟についての法務大臣の権限等に関する法律」（法務大臣権限法）において、次の制度が用意されています。

---

① 法務大臣への報告

　第1号法定受託事務について自治体を被告とする訴訟が提起された場合には、自治体は、その旨を法務大臣に報告しなければならない。法務大臣は、必要があると認めたときは、法務省の職員または弁護士に訴訟を行わせることができる（6条の2）。

② 法務大臣への訴訟の実施請求

　自治体は、その事務（第1号法定受託事務に限りません）に関する訴訟について、法務大臣に対し、法務省の職員に訴訟を行わせるよう求めることができる。法務大臣は、必要があると認めたときは、法務省の職員に訴訟を行わせることができる（7条）。

　法務大臣への報告や訴訟の実施請求が必要となる事件としては、上に挙げた生活保護に関する訴訟のほか、介護保険制度の皆保険制度の是非が争点となる訴訟などがその対象となり得ます。

　特に法定受託事務について審査請求や訴訟が提起されたときには、法務部門と相談の上、その地域の法務局に対し法務大臣権限法の適用について相談する必要があることを覚えておきましょう。

余談になりますが、同法にはもう 1 つ、特徴的な規定があります。

> 第 4 条　法務大臣は、国の利害又は公共の福祉に重大な関係のある訴訟に
> おいて、裁判所の許可を得て、裁判所に対し、自ら意見を述べ、又はそ
> の指定する所部の職員に意見を述べさせることができる。

これまでにこの規定が適用された例としては、2 件の憲法訴訟があると
いわれています。1 件は、森林の分割を制限する森林法の規定（当時）が
財産権の保障（憲法29条 1 項）に反するのではないかが争われた事件（最
高裁昭和62年 4 月22日判決）で、もう 1 件は、次の事件です（最高裁平成
29年12月 6 日判決）。参考まで概要を紹介しておきます。

> なるほど
>
> テレビを視聴できる状態で設置した者にNHKとの契約締結義
> 務を課した放送法64条の合憲性が争われた訴訟の上告審におい
> て、法務大臣権限法の規定により、法務大臣が最高裁判所に対し、
> 放送法の規定を合憲とする意見書を提出した。
> なお、最高裁は、同規定は憲法13条、21条、29条に違反するも
> のではないとして、請求を棄却する判決を下した。

03 住民監査請求は住民であれば 誰でも提起できる

住民監査請求と住民訴訟

> 住民監査請求は、その自治体の住民であれば、1人で提起することができる。
> 住民監査請求は、自らの個人的な権利・利益を侵害されていなくても提起することができる。

◇ **自治体の財務会計行為をただす**

　住民監査請求は、住民が自治体の財務会計行為をただすため、監査委員に対し必要な措置を講じるよう求めるもので、自治法にその要件等が規定されています。

第242条第1項　普通地方公共団体の住民は、当該普通地方公共団体の長若しくは委員会若しくは委員又は当該普通地方公共団体の職員について、違法若しくは不当な①公金の支出、②財産の取得、管理若しくは処分、③契約の締結若しくは履行若しくは④債務その他の義務の負担がある（⑤当該行為がなされることが相当の確実さをもつて予測される場合を含む。）と認めるとき、又は違法若しくは不当に⑥公金の賦課若しくは徴収若しくは財産の管理を怠る事実（以下「怠る事実」という。）があると認めるときは、これらを証する書面を添え、監査委員に対し、監査を求め、当該行為を防止し、若しくは是正し、若しくは当該怠る事実を改め、又は当該行為若しくは怠る事実によつて当該普通地方公共団体の被つた損害を補填するために必要な措置を講ずべきことを請求することができる。

※①〜⑥の付番は筆者による。

　住民監査請求は、住民の個人的な権利・利益を守るのではなく、自治体の財務の違法性や不当性をただすことによって住民全体、地域全体の権利・利益を確保することにその目的があります。

　そして、この目的を実現するため、住民（その自治体の区域に住所を有する者であって法人を含む。自治法10条参照）であれば、1人であっても、また、自らの権利や利益に直接に関わりのないことについてでも請求を起こすことができるとされています。

　請求の対象は、違法または不当な①～⑥の行為等です。自治体の活動のうち相当な割合の行為は、当然に財務会計行為を伴うことから、請求の対象は広く認められことになります。

　比較的よく見られる請求の例としては、自治体が不動産を売買した手続や市が議員に交付した政務活動費の使途に違法・不当な点があるとして提起されたものがあります。このほか、報道等で取り上げられた近年の例を紹介します。

> たとえば
> ・市有財産である物品庫の公売に係る手続が不適切であるとして提起された例
> ・市長の名前と似顔絵が書かれたマスクを配布することは公選法に違反するとして、市が支出した配布費用等の返還を求めて提起された例
> ・市が売却した砂の価格が低すぎるとして、適正な価格との差額の賠償を求めて提起された例

> なるほど
> 住民監査請求で争うことができて、住民訴訟で争うことができないことがある。

◎ 住民訴訟では、不当性を理由に争うことはできない

　住民監査請求を提起したけれども、納得のいく結果にならなかった。そんなときは、一定の要件の下、次のステップとして住民訴訟を提起することができます。その要件等は、住民監査請求に関する規定の次条、自治法

242条の2第1項に規定されています。

第242条の2第1項　普通地方公共団体の住民は、前条第1項の規定による
　　請求をした場合において、同条第5項の規定による監査委員の監査の結
　　果若しくは勧告若しくは同条第9項の規定による普通地方公共団体の議
　　会、長その他の執行機関若しくは職員の措置に不服があるとき、又は監
　　査委員が同条第5項の規定による監査若しくは勧告を同条第6項の期間
　　内に行わないとき、若しくは議会、長その他の執行機関若しくは職員が
　　同条第9項の規定による措置を講じないときは、裁判所に対し、同条第
　　1項の請求に係る<u>違法な行為又は怠る事実につき</u>、訴えをもつて次に掲
　　げる請求をすることができる。
第1号～第4号　（略）

※下線は筆者による。

　住民訴訟の大きな特徴は、住民監査請求を受けて司法の判断を得るため
の手続でありながら、財務会計行為の不当性については争うことができな
い点にあります。

　これは、そもそも裁判所は適法・違法の問題に判断を下す機関であるこ
とや、行政機関の行為は、裁量の範囲内であれば、原則として違法となら
ないとの考え方に基づくものと解されています。

　なお、この考え方は、行政不服審査法に基づく審査請求と行政事件訴訟
法に基づく抗告訴訟等の関係にも当てはまりますので、覚えておくと良い
でしょう。

04 自治体職員の賠償責任に対応した保険がある

公務員賠償責任保険

> 自治体における公金の支出が違法であると判断された場合、自治体から職員（長）に対し、公金相当額の損害賠償請求がされることがある。

◎ **住民訴訟制度の趣旨**

　住民訴訟制度の主な趣旨は、自治体の財務の適正性を確保するため、住民に対し、職員の違法な行為又は怠る事実によって自治体に生じた損害の補填を求める権利を認めることです（第 6 章03参照）。

　具体的に、自治体の損害はどのようにして補填されるのでしょうか。最近ニュースで取り上げられた事案を例に見てみましょう。

　Ｙ県では、皇族等の利用を想定し、2000万円以上の費用を支出し、貴賓車として高級乗用車を購入した。この支出について、住民が次の理由で住民監査請求を提起したが棄却されたため、住民は、改めて住民訴訟を提起した。

・皇族等が利用するために高級乗用車を購入する必要がない。

・皇族等が乗車した実績はなく、ほとんどが県議会議長と副議長が使用した。

・Ｙ県では財源不足が続いており、県民の理解は得られない。

　地裁は、原告の主張を大筋で認め、Ｙ県に対し、購入費用相当額を知事に請求するよう命ずる判決を下しました。自治体が貴賓車を購入するために公金を支出したことは「財務会計上の違法行為」であったとし、その責任は県知事が負うべきものと判断したものと解されます（本書を執筆した時点では控訴審が係属中）。

　公務員である自治体の職員がその職務において違法行為を行った場合、原則として、その職員ではなく、自治体が自治体自身の責任として賠償責

任を負います（最高裁昭和30年4月19日判決）。これに対し、住民訴訟は、「違法な財務会計行為により自治体の財政に損害を与えた」場合に、その行為に関与した職員自身（通常は長）が直接に賠償責任を負うことを認めている点に大きな特徴があります。

　長に対して賠償を求めた住民訴訟は、上に挙げた例のほかにも各地で提起されており、中には退職した市長に数億円の賠償を求めるよう自治体が命じられ、実際に請求がされた例もあります。

　一方で、長に対してこのような高額な賠償責任を課すべきではないとして、自治法96条1項10号の規定により、議会が自治体の長に対する賠償請求債権を放棄するといった事例も少なからず見受けられるところです。

> **たとえば** H市において、公金を支出して公園内にごみ収集車の搬入路を設置したことについて争われた住民訴訟の結果、市長が2億円あまりの賠償責任を負った件で、市議会は、市長には不法な利得を得る目的はなかったとして、市長に対する市の債権を放棄する議案を可決した。

　裁判によって自治体に認められた請求権を議会の議決で放棄してしまうことに対しては、住民訴訟制度の趣旨を損なうのではないかという批判があります。こうした議決の有効性に関しても訴訟で争われており、中には議決権の濫用があったとして議決を無効と判断した裁判例もあります（神戸市事件に関する大阪高裁平成21年11月27日判決など）。

> **なるほど** 公務から発生した賠償責任を保障する保険商品がある。

◈ 公務員賠償責任保険

　上で紹介したような住民訴訟のほかにも、長を含めた自治体職員が賠償

請求を受ける可能性のあるケースはいろいろ考えられます。

> ・ハラスメントを理由として、同僚から慰謝料を請求された。
> ・窓口対応で名誉を傷つけられたとして、住民から慰謝料を請求された。
> ・公金を管理する職員が重大な過失によりそれを紛失したとして、自治体
> 　からその賠償を請求された（自治法243条の2参照）。

　こうした事案を想定した公務員の賠償責任を補償する民間の保険商品が注目を集めています。自治体職員向けのものとしては、全日本自治団体労働組合（自治労）のもののほか、土木系の職員向けに特化した商品や教職員向けに特化した商品などがあります。自治労の保険では、事由に応じて、争訟費用（弁護士費用など）、損害賠償金等、初期対応費用（事故状況の調査の費用など）などが補償の対象とされています。

　ただし、商品によっては、保険金の支払いについて様々な条件が付されています。管理職の職員や住民等の権利や利益に密接に関係する業務の担当者は、約款をよく確認した上で、加入を検討すると良いでしょう。

第 7 章

議会の役割

01

議会を設置しない自治体があった

> **なるほど**
>
> 過去に、議会を設置しない村があった。
> ○ 神奈川県足柄下郡芦之湯村（1947年3月まで）
> ○ 東京都八丈支庁管内宇津木村（1955年3月まで）

◎ **自治体には必ず「議会」が設置されるのか**

　現在日本には、都道府県、市町村、特別区が1741あり、そのすべてに議会が設置されています（2023年4月1日現在）。

　みなさんは、自分のまちに議会があることは当たり前と思うかもしれませんが、自治法が施行された頃には、議会が設置されない自治体もありました。それが上に紹介した神奈川県足柄下郡芦之湯村（現箱根町の一部）と東京都八丈支庁管内宇津木村（現八丈町の一部）です。

　これらの村では、議会を設置せず、選挙権を有する村民の総会を設置して村の重要事項について意思決定を行いました。当時の有権者の数は、芦之湯村で6名、宇津木村で38名だったそうです（「町村議会のあり方に関する課題等について」第1回町村議会のあり方に関する研究会・総務省自治行政局行政課）。

　自治法には、村民総会の設置根拠となる規定があります。

> 第94条　町村は、条例で、第89条の規定にかかわらず、議会を置かず、選挙権を有する者の総会を設けることができる。

　現代にあっても、過疎化が進み、議員の成り手が確保できないといった自治体では、町村総会の設置はあり得ないことではありません。最近の例では、高知県大川村議会で村民総会の勉強が行われたことが驚きをもって報道で取り上げられました（「大川村議会の維持に向けた方策について（中間取りまとめ）」2017年12月大川村議会維持対策検討会議）。

　こうした問題を検証するため、現在、国などで議員の成り手を確保するため議員の報酬や兼業禁止制度について見直しをすべきではないかという議論が行われています。

～～～～～～～～～～～～～～～～～～～～～～～～

> **なるほど** 全国の市に設置された議会を「市議会」というが、横浜、名古屋、京都、大阪、神戸の5市では「市会」という呼称を使用している。

◇ 「市会」？　「市議会」？

　「議会」という呼び方は、自治法の次の規定に由来します。

> 第89条　普通地方公共団体に議会を置く。

　自治法が施行される前は、1889年施行の市制によって、市の議会はすべて「市会」と呼ばれていました（市制第2章）。その後、自治法が施行され、89条の規定により、地方公共団体に置かれた議会は、県であれば「県議会」、市であれば「市議会」、村であれば「村議会」と呼ばれるようになったのです。なお、明治憲法下での「帝国議会」は、日本国憲法の施行により現在の「国会」に改められました。

　横浜、名古屋、京都、大阪、神戸の5市の議会は、市制施行当時の呼称である「市会」を今も大事に使用しています。なんとなく、伝統の重みが感じられる呼び方ですね。

　市議会議員の中には、話し言葉として、自分が属する議会を「市会」と呼んだり、自分のことを「市会議員」と呼んだりする方もいます。決して間違えて言っているわけではないのです。

02 ## 議決事件を見落としてしまったら？

議決事件

> X県では、5億円以上の工事請負契約には議会の議決が必要である旨を条例で定めていたが、5億円未満で締結した工事の契約を5億円以上の内容に変更するに当たり、議会の議決を経ずに契約を締結してしまった。

◈ 議決事件とは

　議会が議決権に基づいて議決しなければならない事項を「議決事件」といいます（議決事項ということもあります）。議決事件を議決することは、議会という自治体の一機関の意思を表明するだけでなく、議会を含めた自治体そのものの意思を決定する非常に重要な作用です。

　具体的な議決事件については、特に自治体や住民へ大きな影響を与える可能性があるものを列挙する形で、自治法96条1項に定められています（2項には条例で議決事件を追加することができる旨が規定されています）。主な議決事件とその例は、次のとおりです。

第1号　条例を設け又は改廃すること。

第2号　予算を定めること。

第3号　決算を認定すること。

第5号　条例で定める契約を締結すること。

　　　　（例：1億5000万円以上の工事又は製造の請負）

第8号　条例で定める財産の取得又は処分をすること。

　　　　（例：3000万円以上の不動産又は動産の買入れ又は売払い）

第12号　不服申立て、訴えの提起、和解、あっせん、調停及び仲裁に関すること。

第13号　その義務に属する損害賠償の額を定めること。

第15号　法令により議会の権限に属する事項
　　　　（例:指定管理者の指定、市道の認定）

　同条は、自治体の職員や議員が読む機会が最も多い条文の 1 つですが、項数が多く、また、複雑な括弧書が含まれていることから、正しく理解するのは容易ではありません。

　条例や予算のように、誰もが議決事件であることを知っている事項を別とすれば、高額な契約の締結や訴訟対応を担当する際には、議決事件に該当しないかどうか、慎重に確認する必要があります。条例によって議決事件として追加された事項にも注意を払ってください。

◈ 必要な議決を経なかったら

　もし、これらの規定により議決事件とされている事項について、うっかり議決を経ずに事業を進めてしまったとしたら、その効果はどうなるでしょうか。まさに冒頭で紹介した事例がそのような場合に該当します。

　「自治体や住民に与える影響が大きいから特に規定した」という議決事件の趣旨からすれば、原則として、議決を欠いた行為の効果は、遡って無効になると解せざるを得ないでしょう。ただし、その行為がすでに完了してしまっているような場合(工事が完了し、費用の支払いが終わってしまった場合など)、単純に遡って事業等を無効とする処理をしてしまうと、法律関係が複雑になってしまったり、関係者等に想定外の損害を与えてしまったりして、場合によっては、自治体に対する損害賠償請求訴訟などの新たな法的紛争をひき起こしかねません。

　過去にあった同様の事例では、このような場合の事後の手続として、議会において「議決を欠いた行為を追認する」方法で処理し、影響を最小限に抑えようとする例も見られるところです。

　冒頭の事例は、ある自治体で実際に起こった事案を基にしたものです。この件では、知事が陳謝し、次の議会において追認の議案に議決を得ることで解決に至ったとのことでした。

◈ 要らない議決を得てしまったら

　議決が必要な事項に議決を欠いてしまうのとは逆に、議決事件ではない事項に議決を得てしまったとしたら、その効果はどうなるのでしょうか。

> 　Y市において、市を被告として、市長の行政処分の取消しを求める訴訟が提起された。市は、第1審で敗訴したことから、判決を不服として上級審に上訴することとした。その上訴に議会の議決は必要なかったが、市は上訴について議案を提出し、議会もこれを議決してしまった。

　訴えの提起は、自治法96条1項12号において議決事件として規定されていますが、同号の括弧書の解釈によって、行政庁（長、教育長など）の処分・裁決の取消しを求める訴訟の上訴については、例外として議決は必要ないとされています。

> 　普通地方公共団体がその当事者である審査請求その他の不服申立て、**訴えの提起**（普通地方公共団体の行政庁の処分又は裁決（中略）に係る（中略）普通地方公共団体を被告とする訴訟（中略）に係るものを除く。）、和解（普通地方公共団体の行政庁の処分又は裁決に係る普通地方公共団体を被告とする訴訟に係るものを除く。）、あつせん、調停及び仲裁に関すること。

※下線等は筆者による。

　Y市では、この規定を見落とし、議決が不要な議案を議会に提案してしまい、議会もそれに気付かないまま議決をしてしまったわけです。

　もともと議決の必要がない事項ですから、議決を得たとしても、また、逆に否決されたとしても、上訴の効力に影響が生じることはありません。

　ただし、提案が否決されたという事実について、市長の政治責任が問われる可能性はあります。上の事例と同様のことがあったある自治体では、市議会で再発防止を求める決議が全会一致で可決されるとともに、市長が本会議で陳謝するという一幕があったようです。

03　議会の活動期間は会期中に限られる

議会の会期

なるほど　地方議会は、原則として、その会期中にのみ活動能力を有する。

◇ 地方議会の「会期制」

　日本の地方議会制度は、会期制を採用しています（自治法第 6 章第 3 節）。会期とは、議会が活動能力を有する期間のことをいい、会期制は、原則として、議会は会期中、つまり定例会と臨時会が開かれている間のみ活動できることを意味しています。

　例えば、市長が議決を要する重要な案件を決定したいと考えた場合、それが会期外であれば、臨時会を招集するか、それでも間に合わないとして市長の権限で決定するかのいずれかを選択しなければなりません。後者の決定を専決処分といいます。関係する条文を見ておきましょう。

> 第102条第 3 項　臨時会は、必要がある場合において、その事件に限りこれを招集する。
>
> 第 7 項　普通地方公共団体の議会の会期及びその延長並びにその開閉に関する事項は、議会がこれを定める。
>
> 第179条　普通地方公共団体の議会が成立しないとき、第113ただし書の場合においてなお会議を開くことができないとき、普通地方公共団体の長において議会の議決すべき事件について特に緊急を要するため議会を招集する時間的余裕がないことが明らかであると認めるとき、又は議会において議決すべき事件を議決しないときは、当該普通地方公共団体の長は、その議決すべき事件を処分することができる。（後略）

　コロナ禍にあって、閉会中に感染対策の条例や緊急の経済的支援を行う補正予算をいかに実施するかで苦慮された方も少なくないと思います。そうした中で、クローズアップされたのが、通年会期とオンライン会議に関

する議論でした。

~~~~~~

　・通年議会制：定例会を年１回とし、定例会の会期を１年間と
　　するもの
　・通年会期制：定例会を前提とせず、議会の会期を１年とする
　　もの

◈ 年間通して議会が活動する方法がある

　年間を通して議会が活動する方法として、「通年議会制」と「通年会期制」
があります。

　ちょっと読んだだけでは両者の違いはよくわからないかもしれません。
前者は、従前の定例会の制度を工夫して会期を１年間とするものです。こ
の方法を採用する地方議会が相次いだことを受けて自治法が改正され、定
例会の制度を前提とせずに端的に１年を会期とする規定が設けられまし
た。これが後者の通年議会制です。

　通年議会制を定めた規定は、次のとおりです。

第102条の２　普通地方公共団体の議会は、前条の規定にかかわらず、条例
　で定めるところにより、定例会及び臨時会とせず、毎年、条例で定める
　日から翌年の当該日の前日までを会期とすることができる。

　この２つの制度は、整備すべき条例・規則や長の招集の要否などを除け
ば、具体的な運用ではほとんど差はありません。ただし、いずれも導入さ
れてからまだ数年という段階にあるので、今後の事例の蓄積によって、制
度の長短やさらなる工夫の必要性が見えてくるかもしれません。

> これ
> 大事
> 総務省は、リモートによる会議について、自治法上、委員会については認められるが、本会議（表決、討論、質疑）については認められないと解釈している。

　コロナ禍では、感染防止のため、オンライン会議やオンライン授業などのリモートシステムが多く導入されました。一部の地方議会でもオンライン会議を模索する動きが見られましたが、総務省は自治法上の「出席」の解釈に関して「委員会は可・本会議は不可」とする通知を発出しました（総務省令和2年4月30日通知「新型コロナウイルス感染症対策に係る地方公共団体における議会の委員会の開催方法について」）。「本会議における表決は団体意思を決定する行為であるのに対し、委員会は本会議における審議の予備的審査を行うもの」というのがその理由です（総務省同年7月16日通知「新型コロナウイルス感染症対策に係る地方公共団体における議会の委員会の開催方法に関するQ＆Aについて」）。

　総務省は、この考え方をさらに整理し、「表決、討論、質疑については議場に出席して行う必要があるが、一般質問はオンラインでも可能」とする旨の通知を出しています（総務省令和5年2月7日通知「新型コロナウイルス感染症等に係る地方公共団体における議会の開催方法に関するQ＆Aについて」）。

　本会議と委員会で出席の考え方を区別する総務省の見解には異論も少なくありませんが、一部の地方議会では、条例等を改正して、実際にオンラインで委員会を実施しているところもあります（滋賀県大津市議会、茨城県取手市議会など）。こうした取組みは、将来的には、育児や介護といった事情を抱える人にも議員になる道を開くのではないかという面でも注目が集まっています。

　現在、憲法上の「出席」について、国会でも議論がされています。この議論の行方によっては、今後、より広くオンライン会議が認められていく可能性もありそうです。

04 違法とされた専決処分がある

専決処分の要件と効力

◎ 専決処分とは

　自治体が自治法で定められた事項を決定するには議会の議決が必要です。この議決が必要とされる事項を「議決事件」といいます。代表的なものは、次のとおりです（自治法96条。第7章02参照）。

> ・条例の制定、改廃
> ・予算の決定
> ・自治体を当事者とする訴えの提起
> ・自治体を当事者とする和解の締結

　議決事件は、住民や自治体の財政に大きな影響を与えるおそれがあることから、慎重に決定するため議会の議決にかからしめたとされています。

　しかし、議決事件の決定には常に議決が必要であるとすると、次のような不都合が起こることも考えられます。

> ① 多くの地方議会は、定例会を年4回開催することとしており、定例会が開催されていない間（休会中）に議決事件を決定しなければならない場合には、対応できなくなってしまう。
>
> 　例：補正予算を組んで困窮世帯に対する緊急の支援を実施する必要があるとき。
>
> 　　　裁判中の事件を上訴期間中（2週間以内）に控訴しなければならないとき。
>
> ② 自治法96条に該当する事項をすべて議決しなければならないとすると、議会の負担が過大になってしまう。
>
> 　例：交通事故の示談として少額の和解契約を締結する場合
>
> 　　　議決を得て締結した契約の内容の一部を変更する場合

　こうした不都合の可能性を解消するため、議決を経ずに長の権限におい
て議決事件を処理する制度が自治法に用意されています。これを専決処分
といいます。

　専決処分には、次の 2 種類があります。

○ 緊急の対応が必要な場合に行う専決処分（179条）

　・議会が成立しないとき

　・議会が成立せず、113条ただし書の場合でもなお会議を行うことができ
　　ないとき

　・長において議決事件について特に緊急を要するため議会を招集する時
　　間的余裕がないことが明らかであると認めるとき

　・議会において議決すべき事件を議決しないとき

○ 軽易な事項であらかじめ議会が指定した事項について行う専決処分（180
　条）

◈ 専決処分が問題となった事例

　専決処分は、長にとって必要な施策について迅速な対応ができ（179条）、
あるいは、議会にとって重要度の低い議決事件を長に委ねることで重要な
議決事件に注力できる（180条）といった利点がある一方で、次のような
問題が生じることもあります。

○ 専決処分による副市長の選任

副市長の選任には議会の議決による議会の同意が必要とされて
いるが（自治法162条）、A市において、市長が議会をあえて招
集せず、休会中に専決処分によって副市長にX氏を選任した。
当時の総務大臣は、記者会見において、このような専決処分は
違法であると述べた。なお、この副市長は、後の新市長によっ
て解任された。

○ 継続審査とされた議案の専決処分

Ｂ議会において、経済対策として飲食店利用券を発行するための経費を含んだ補正予算について、継続審査（会期中に結論を出さず、次回の会期において引き続き委員会審査を行うこと。第７章05参照）とすることが議決されたが、市長は、閉会中にこの補正予算の専決処分を行った。

この専決処分は、次期議会において不承認となったが、飲食店利用券は発行された。

また、長は、専決処分をしたのち、専決処分をしたことを議会に報告しなければなりません。

○ 緊急の対応が必要な場合に行う専決処分（179条３項）

前２項の規定による処置については、普通地方公共団体の長は、次の会議においてこれを議会に報告し、その承認を求めなければならない。

○ 軽易な事項であらかじめ議会が指定した事項について行う先専決処分（180条２項）

前項の規定により専決処分をしたときは、普通地方公共団体の長は、これを議会に報告しなければならない。

上の事例のような専決処分がされてしまった場合、議会としては、どう対処すべきでしょうか。

180条に基づく専決処分は、あらかじめ議会の決定により長の判断に委ねられているものなので、次の議会での報告が義務付けられるにとどまり、報告がされれば必要な手続は終わりです（同条２項）。

一方、179条に基づく専決処分は、あらかじめ長に委ねられているものではないので、議会に報告した上で議会の承認を得ることまで義務付けられています（同条３項）。そこで、議会としては、「この専決処分は適当ではないので、承認しない」と決定をすることも想定されます。しかし、不承認の決定によって専決処分により行われた行為の効力がさかのぼって否

定されてしまうと、行政の安定を損ない、関係する者に不利益が及ぶ可能性があります。そこで、行政実例等において次のように理解されています。

179条に基づく専決処分は、適法に行われた限り、議会の承認が得られなかった場合（不承認とする決定がされた場合）であっても、その効力に法的な影響は及ぼさない。

　ただし、将来に向かっての長の政治責任は残ります。その趣旨は、同条4項「条例の制定若しくは改廃又は予算に関する処置について承認を求める議案が否決されたときは、普通地方公共団体の長は、速やかに、当該処置に関して必要と認める措置を講ずるとともに、その旨を議会に報告しなければならない」との規定に表れています。

　この「必要と認める措置」については、条例であれば改めて改廃の議案を提案すること、予算であれば補正予算を組むこと、あるいは、住民説明会や議会報告会を実施することが挙げられます。特殊な例として、最近あった件を紹介しておきます。下に挙げた事案は、一部の保育園を廃止する条例改正案が委員会で継続審査となってしまったため、市長がやむなく専決処分を行ったという背景がありました。

東京都小金井市において、保育園に関する条例の一部改正を専決処分で行ったところ市議会で不承認となり、市長は処分自体は取り消さず、「必要と認める措置」として辞職をした。

05 委員会に付託した議案が戻ってこないことがある

◈ 委員会とは

委員会は、議案等を審査するために設置される議会の内部組織をいいます。自治法では、次の3つの委員会について規定が置かれています。

> 第109条　普通地方公共団体の議会は、条例で、常任委員会、議会運営委員会及び特別委員会を置くことができる。
>
> 2　常任委員会は、その部門に属する当該普通地方公共団体の事務に関する調査を行い、議案、請願等を審査する。
>
> 3　議会運営委員会は、次に掲げる事項に関する調査を行い、議案、請願等を審査する。
>
> (1)　議会の運営に関する事項
>
> (2)　議会の会議規則、委員会に関する条例等に関する事項
>
> (3)　議長の諮問に関する事項
>
> 4　特別委員会は、議会の議決により付議された事件を審査する。
>
> 5～9　（略）

※下線は筆者による。

> **なるほど**　委員会は、主に議案等を本会議で可決すべきか否決すべきかを審査し、本会議は、その結果を踏まえて議案等を審議し、議会の意志を決定するため採決を行う。

委員会の「審査」と本会議の「審議」は、上のような意味で使い分けられます。歴史的には、元々審議は本会議だけで行われていましたが、議題をより効率的かつ慎重に判断するため委員会制度が導入され、本会議の「審議」と区別するため委員会の「審査」という表現が使われるようになったといわれています。

◈ 付託された議案が戻ってこない？

　本会議と委員会とは、「本会議における表決は団体意思を決定する行為であるのに対し、委員会は本会議における審議の予備的審査を行うもの」（総務省自治行政局行政課長令和 2 年 7 月16日通知）という関係に立つと理解されています。

> **これ大事**　本会議は、長から提案された議案を、審査のため委員会に付託する。付託された議案は、委員会の審査が終了しなければ、本会議で採決することはできない。

　本会議では、委員会審査を行うため、委員会にその議案を付託します（全国市議会議長会標準市議会会議規則37条参照）。付託を受けた委員会は、議案の審査を行い、「可決すべきか否決すべきか」を決定して、委員長から議長にその旨を申し出ます。そうすることによって議案は再び本会議の俎上に乗り、委員長からの報告を踏まえ、全議員によって採決をすることができることになります。

　一方、委員会審査において「この議案は簡単に結論を出すことができないから、今定例会以降も引き続き審査する必要がある」として、「可決すべきか否決すべきか」ではなく「継続して審査する」旨が決定された場合は、議案は本会議に戻ってこないことになるので、本会議で採決をすることができなくなってしまいます。このような事態は、いわば議案を「塩漬け」にしてしまう効果があるため、議案に反対する議員によりこの手法がとられることがあります。解決策としては、本会議で委員会審査に期限を付け、期限までに審査が終わらなかったときは本会議において審議するという方法があります(同規則44条)。それでもなお解決しない場合には、「議会において議決すべき事件を議決しないとき」（自治法179条 1 項）に該当するものとして、閉会中に長が専決処分を行うことも考えられます（専決処分について、第 7 章04参照）。

100条委員会はどんなときに設置される？

100条調査権と100条委員会

> **これ大事** 100条委員会とは、自治法100条１項の調査権を議会から委任された特別委員会をいう。

◈ 100条調査権と100条委員会

　地方議会に関するニュースで「100条調査権」とか「100条委員会」と言うのを聞いたことがありませんか？　この「100条」は、自治法100条１項の規定を指しています。つまり、「100条調査権」とは、同項に規定された調査権をいい、「100条委員会」とは、100条調査権を行使する委員会のことをいいます。

　関連する規定を確認しておきましょう。

第100条第１項　普通地方公共団体の議会は、当該普通地方公共団体の事務（自治事務にあつては労働委員会及び収用委員会の権限に属する事務で政令で定めるものを除き、法定受託事務にあつては国の安全を害するおそれがあることその他の事由により議会の調査の対象とすることが適当でないものとして政令で定めるものを除く。次項において同じ。）に関する調査を行うことができる。この場合において、当該調査を行うため特に必要があると認めるときは、選挙人その他の関係人の出頭及び証言並びに記録の提出を請求することができる。

第３項　第１項後段の規定により出頭又は記録の提出の請求を受けた選挙人その他の関係人が、正当の理由がないのに、議会に出頭せず若しくは記録を提出しないとき又は証言を拒んだときは、６箇月以下の禁錮又は10万円以下の罰金に処する。

100条調査権は、1項の括弧書きで示された事項を除き、自治体の事務全般を対象とし、3項に規定する罰則による裏付けがされた非常に強い権限であることがわかります。

あなたの自治体で「議会で100条委員会が設置されるらしい」という話が聞こえてきたら、調査対象を確認しておきましょう。あなたの部署に関係資料の提出が求められるかもしれませんし、職員が証人として呼び出されるかもしれません。

◈ 100条委員会はこんなときに設置される

100条委員会は、その強力な権限を使って解決しなければならない問題が発生したときに、議会の議決により設置されます（特定の事件を調査すべきということと、特別委員会を設置してその調査について委任することが合わせて議決されます）。

近年話題となったものとしては、次の例があります。

○ 池田市議会
市長が市長室にサウナを設置したことをきっかけに、市長の次の行為が問題となり、これらを調査するため100条委員会が設置された。
・不適切な庁舎使用と公金等の私的流用
・議会における虚偽の答弁
・職員等に対するパワハラ

○ 明石市議会
市長が企業の課税に関する情報を自身のツイッターに投稿したことが地方税法上の守秘義務違反に当たるのではないかが問題となり、100条委員会が設置された。

○ 熱海市議会

土石流災害の原因を調査するため100条委員会が設置された。同委員会では、関係職員のほか、土石流が発生した土地の所有者や盛土に土砂を運び込んだ事業者に対する証人尋問が行われた。

100条調査権に基づく証人尋問において、宣誓した証人が虚偽の証言をした場合、議会はこれを告発しなければなりません（自治法100条7項、9項）。

いわゆる刑事告発は、犯罪者の処罰を求める意思表示に当たりますが、あくまで捜査のきっかけの1つに過ぎず、しかも捜査を開始するか否かは、あくまで捜査機関の判断によります。その点では「告発」から「処罰」までの間にはまだ相当の距離があるわけですが、政治的社会的なインパクトは小さくありません。

2017年に東京都の副知事が告発された例（最終的には不起訴）のほか、上に挙げた池田市議会の事案では、市長に虚偽の証言があったとして、議会の議決によって市長が刑事告発されました。ただし、最終的には、嫌疑不十分で不起訴処分となったとのことです。

長と議会が対立してしまったら？

長と議会の関係

 議会において長が議員を侮辱した場合、慰謝料等の民事上の賠償責任は、原則として、長ではなく自治体が負う。

◈ 長と議員がエキサイト？？？

　長と議会は、二元代表制の「チェックアンドバランス」の関係を保ちながら、自治体運営の両輪として活動します。しかし、双方の理念と思惑がすれ違い、議場や議場外で衝突することがあります。

　ある自治体で、次のような事件がありました。

　元市長が市長在任中、市議会の本会議と個人のブログにおいて、議員に対し「借金を踏み倒した」などと発言して名誉を棄損したとして、その議員が元市長と市に対し損害賠償を求めて民事訴訟を提起した。

　この事件の判決では、元市長の発言は議員の社会的評価を低下させるものであるとして、ブログでの発言については元市長個人が賠償責任を負い、議場での発言については議会答弁の一環として行ったものなので市が責任を負うことが命じられました（佐賀地裁平成28年4月22日判決）。なお、市は、議員に賠償をした後、元市長に対しその賠償額と同額の支払いを求めたとのことです。

◈ 伝家の宝刀「議会の解散」は簡単ではない？

　ある知事が、知事選に出馬する際に、「議会を冒頭解散したい」（議会が開会したらその冒頭で議会を解散したいとの意味）と発言したことが大きく報道されました。

行政の主体が議会の解散権を有する制度は、衆議院と地方議会について定められています。それぞれ議院内閣制と二元代表制の趣旨に基づくものと理解されています。

　衆議院については、衆議院が内閣不信任案を可決し、又は信任案を否決したとき（憲法69条）のほか、内閣の重要案件を否決したときなど限定的な場合に内閣が解散することができると考えられています（同7条3号）。

　一方、地方議会については、自治法に次のように規定されています。

第177条　普通地方公共団体の議会において次に掲げる経費を削除し又は減額する議決をしたときは、その経費及びこれに伴う収入について、当該普通地方公共団体の長は、理由を示してこれを再議に付さなければならない。

　⑵　非常の災害による応急若しくは復旧の施設のために必要な経費又は感染症予防のために必要な経費

3　第1項第2号の場合において、議会の議決がなお同号に掲げる経費を削除し又は減額したときは、当該普通地方公共団体の長は、<u>その議決を不信任の議決とみなすことができる。</u>

第178条第1項　普通地方公共団体の議会において、<u>当該普通地方公共団体の長の不信任の議決をしたとき</u>は、直ちに議長からその旨を当該普通地方公共団体の長に通知しなければならない。この場合においては、普通地方公共団体の長は、その通知を受けた日から10日以内に議会を解散することができる。

※下線は筆者による。

　長は、議会から不信任を突きつけられた場合（不信任の議決とみなした場合を含む）に限り、議会を解散することができます。長の解散権は、議会との対立が解消されない場合の切り札となりますが、そう簡単に行使できるものではないのです。

　不信任の議決のほか、議会から長に対して問責決議や辞職勧告決議がされることがあります。これらの議決には法令の根拠や法的拘束力はなく、

長の失職や議会の解散といった効果は発生しません。

　一方、「不信任の議決」の意義については、次の裁判例があります。

　（前略）不信任の議決とは、必ずしも不信任案の可決のみならず、①信任案の否決、②その長に対する辞職勧告の議決は勿論、③客観的に不信任の意思を表明すると認められる議決、例えば、地方公共団体の長が、その住民に公約し、自己にとつて政治的生命とも言い得る根本的施政方針に基く事項を議案として提出したとき、議会の法定多数が別段正当な事由がないのに、専らその長を苦境に陥れて退職させる意図のもとに該議案を否決する議決をも含むと解すべきである。

　（和歌山地裁昭和27年3月31日判決（行政事件裁判例集3巻2号351頁））

※①～③の付番は筆者による。

　いかなる議決が不信任の議決に含まれるかについては、この裁判例の考え方のほか、学説上もいくつかの見解があります。不信任の議決は、長の失職か議会の解散かという重大な効果を伴うものであることから、自治法178条の不信任の議決であるか否かを明確にした上で議決することが望ましいと考えられます。

〰〰〰〰〰〰〰〰〰〰〰〰〰〰〰〰〰〰〰〰〰〰〰

　議会が、議員の選挙と長の選挙を同日に開催するため、あえて自主的に解散した例がある。

◈ 議会の自主解散権

　余談ですが、議会が解散する場合としては、自治法178条の規定によるもののほか、全議員の辞職、住民の解散請求（リコール）による解散（自治法78条）、「地方公共団体の議会の解散に関する特例法」の規定による自

主解散があります。

　総務省の資料によると、この特例法による自主解散の近年の例としては、経費削減や投票者の利便向上を目的に議員の選挙と長の選挙を同日に執行するため行ったものが数件あるようです（総務省地方自治月報第58号、第60号「地方公共団体の議会の解散等に関する調」）。

　この特例法は、東京都議会において15人もの議員が贈収賄の疑いで逮捕されたいわゆる「黒い霧事件」をきっかけに、「議会が自らすすんでその解散による選挙によつてあらたに当該地方公共団体の住民の意思をきく方途を講ずるため」（同法1条）制定されました。

　しかし、議会の自主解散権を認めることには、多数派による少数派排除に利用されるおそれがあります。そうした観点から、衆議院では自主解散権は認められないと考えられています。

著者紹介

塩浜克也（しおはま・かつや）

1997 年佐倉市役所入庁。総務部行政管理課、財政部債権管理課長等を経て、2022 年 7 月より財政部財政課長。主な著書に『疑問をほどいて失敗をなくす　公務員の仕事の授業』（共著・学陽書房）、『法実務からみた行政法』（共著・日本評論社）、『月別解説で要所をおさえる！　原課職員のための自治体財務』（第一法規）。自治体学会会員。地方行政実務学会会員。

【なるほど】千葉県「佐倉市」と読み方が同じ、栃木県「さくら市」（2005 年の 2 町合併により命名）が存在する。

米津孝成（よねづ・たかのり）

2004 年市川市役所入庁。福祉部福祉事務所、総務部法務課等を経て、2023 年 4 月より議会事務局議事課長。著書に『疑問をほどいて失敗をなくす　公務員の仕事の授業』（共著・学陽書房）、『業務の「ヒヤリ！」を解消する！　公務員の法的トラブル予防＆対応BOOK』（学陽書房）。議会事務局実務研究会会員。かながわ政策法務研究会会員。

【なるほど】東京都から千葉県へ延びる大手私鉄「京成電鉄」の本社は、2013 年に、東京都墨田区から千葉県市川市に移転した。

「なぜ？」からわかる地方自治のなるほど・たとえば・これ大事

© 塩浜克也、米津孝成　2023年

2023年（令和 5 年）5 月 30 日　初版第 1 刷発行

定価はカバーに表示してあります。

著　者　塩　浜　克　也
　　　　米　津　孝　成
発行者　大　田　昭　一
発行所　公　職　研

〒101-0051
東京都千代田区神田神保町2丁目20番地
　　TEL　03-3230-3701（代表）
　　　　　03-3230-3703（編集）
　　FAX　03-3230-1170
　　振替東京　6-154568

ISBN978-4-87526-439-2 C3031　https://www.koshokuken.co.jp

落丁・乱丁は取り替え致します。　PRINTED IN JAPAN

カバーデザイン：クリエイティブ・コンセプト
印刷：モリモト印刷

公職研図書紹介

『クイズ de 地方自治』制作班 編
クイズ de 地方自治
楽しむ×身につく！自治体職員の基礎知識

23の分野ごと厳選したクイズを掲載。担当外の職員でも知っておいてほしい基礎的な知識から、理論・実務を知悉した職員のみぞ知るカルト級の知識まで。楽しみながら、自然に身につく。　　　　　　　　　　　　　　　定価◎本体1,800円＋税

阿部のり子 著
みんなで始めよう！公務員の「脱ハラスメント」
加害者にも被害者にもならない、させない職場を目指して

多様なハラスメントの態様を知り、センスを高め法的理解を深めて、自分も他人も加害者にならない・させない、被害者にならない・させないための必読書。現役自治体職員と3人の弁護士がわかりやすく解説。　　　　　　　　定価◎本体1,800円＋税

特定非営利活動法人 Policy Garage 編
自治体職員のためのナッジ入門
どうすれば望ましい行動を後押しできるか？

ナッジの実践者が、自治体の政策にナッジを取り入れるにはどうしたらよいかを伝授。初学者向けの解説と多数の事例紹介から、活用方法のキモがわかる。実践に踏み出したい方におすすめ。　　　　　　　　　　　　　定価◎本体1,900円＋税

今村　寛 著
「対話」で変える公務員の仕事
自治体職員の「対話力」が未来を拓く

「対話」の魅力とは何か、どうして「対話」が自治体職員の仕事を変えるのか、何のために仕事を変える必要があるのか―そんなギモンも「自分事」として受け止め、「対話」をはじめてみたくなる一冊。　　　　　　　定価◎本体1,800円＋税

元吉由紀子 編著
自治体を進化させる公務員の新改善力
変革×越境でステップアップ

自治体改善のプロが、新時代の改善のあり方を示す。時代の変化をとらえ自治体を進化させるために職員・組織が発揮すべき力を説明。必要な視点・考え方のほか、身につけたい能力・スキルまで丁寧にひもとく。　　　　定価◎本体2,000円＋税